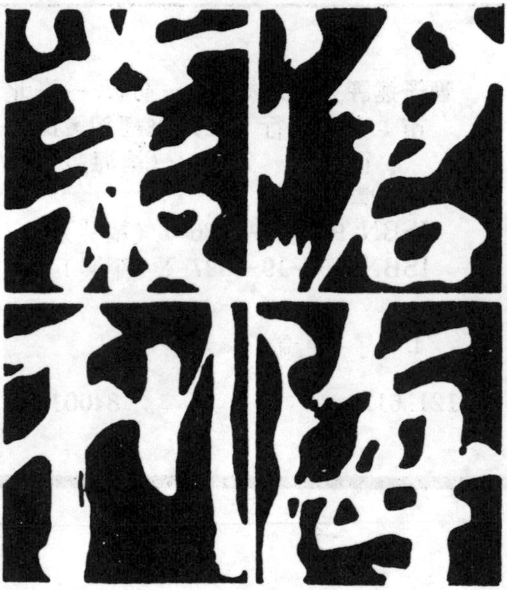

管子述評

湯孝純 著

東大圖書公司 印行

國立中央圖書館出版品預行編目資料

管子述評／湯孝純著. --初版. --臺北
市：東大發行：三民總經銷，民84
面；　　公分. --(滄海叢刊)
參考書目：面
ISBN 957-19-1826-1 (精裝)
ISBN 957-19-1827-X (平裝)

1.管子-評論

121.617　　　　84001445

著作人　湯孝純
發行人　劉仲文
著作財產權人　東大圖書股份有限公司
臺北市復興北路三八六號
發行所　東大圖書股份有限公司
地　址／臺北市復興北路三八六號
郵　撥／〇一〇七一七五——〇號
印刷所　東大圖書股份有限公司
總經銷　三民書局股份有限公司
門市部　復北店／臺北市復興北路三八六號
重南店／臺北市重慶南路一段六十一號
初　版　中華民國八十四年三月

編　號　E 82075

基本定價　叁　元

行政院新聞局登記證局版臺業字第〇一九七號

ISBN 957-19-1827-X (平裝)

自序

管仲是春秋時代著名的政治家、軍事家，爲相四十年，兢兢業業，鞠躬盡瘁，輔佐齊桓「九合諸侯，一匡天下」，建立了卓絕一世的功業。管仲逝世之後，流傳著一部《管子》，極爲精鍊地總結、闡揚了管仲治齊的經驗。大凡哲學、倫理、教育、政治、經濟、軍事以及自然科學思想，無不包容，可以說，這是一部百科全書式的著作。但這部著作，因爲是託名管仲而傳，且既非一人之筆，又非一時之書，因而歷代研究者均未對此書作出全面論述。《管子述評》，正是有感於此而作。

《管子》一書，雖然文詞古奧，多有簡篇錯亂之處，部分篇章且已駁雜難辨，歷來被稱爲難讀之書，但細加體味，深博精妙之處幾乎亦隨處可見。司馬遷贊賞〈牧民〉中「倉廩實而知禮節，衣食足而知榮辱。上服度，則六親固」、「四維不張，國乃滅亡」、「下令於流水之原，令順民心」等高論，譽之爲「論卑而易行」之言（見《史記・管晏列傳》），劉向贊賞《管子》務富國安民，道約言要」（見〈管子校讎序〉），石一參贊其「法法」思想，誠爲「政治家不易之固植，而萬世所宜共守之繩墨」（《管子今詮・法法》），胡寄窗指出「純粹從經濟觀點出發，公開鼓勵國際貿易者，在中國古代《管子》作者實爲第一人」（見《中國經濟思想史・第十章》），尹乾修認爲《管子》諸篇「大都開財以裕兵，裕兵以戢暴，戢暴以歸仁；維仁能王，維富亦能王，故業成陰王」，歎其書「〈王言〉之篇雖缺，而其散見於各篇者，豈乏王言也哉？」（〈管子新釋敘〉）凡此諸論，都已揭明《管子》深博之旨。而前哲今賢所未曾提及的教育思想，也多有精微之處。〈權修〉所謂「一年之計，莫如樹穀；十年之計，莫如樹木；終身之計，莫如樹人」，固是不刊之論。即如〈侈靡〉所云：「若夫教者，摽然若秋雲之遠，動人心之悲；藹然若夏之靜雲，乃及人之體；寫然若皜月之靜，動人意以怨；蕩蕩若流水，使人思之，人所生往。教之始也，身必備之，辟之若秋雲之始見，賢者不肖者化焉。敬而待之，愛而使之，若樊神山祭之。賢者少，不肖者多，使其賢，不肖惡得不化？」這節富有詩意的論述文字，真箇把教育工作的「隨風潛入夜，潤物細無聲」的特點形容得淋漓盡致。然而《管子》此等「天下奇文」之傳揚，似乎遠遠不如先秦兩漢諸子所作之普及。《管子述評》，又是有感於此而發。

既「作」已「發」，正愁無以印行。貿然投稿，而東大圖書公司欣然同意付梓，使拙作能在海峽兩岸的文化交流中或收抛甎之效。此則誠爲一幸。

湯孝純

一九九五年一月二十八日

序於湘潭大學古籍室

管子述評 目次

管仲與《管子》

管子的生平與政績

管仲，名夷吾，字仲，又字敬仲，齊桓公尊爲仲父，穎上（今安徽省穎上縣）人。約生於西元前七二五年，卒於西元前六四五年。張守節《史記正義》引韋昭注說，管仲出身於貴族家庭，是「姬姓之後」。其父管莊（或稱管嚴）雖然也曾作過齊國的大夫，但家道早已衰微，因而青年時代的管仲便生活在艱難拮据之中。據《史記・管晏列傳》記載，他當過商人，任過小吏，爲人作過謀士，也曾上過戰場，後來還曾輔佐公子糾，但都很不得志。幸而他的摯友鮑叔牙十分理解他，時時扶助他，使他備受感動，沒齒不忘。他曾滿懷感慨地對別人說：「吾始困時，嘗與鮑叔賈，分財利，多自與，鮑叔不以我爲貪，知我貧也。吾嘗爲鮑叔謀事而更窮困，鮑叔不以我爲愚，知時有利不利也。吾嘗三仕三見逐於君，鮑叔不以我爲不肖，知我不遭時也。吾嘗三戰三走，鮑叔不以我爲怯，知我有老母也。公子糾敗，召忽死之，吾幽囚受辱，鮑叔不以我爲無恥，知我不羞小節而恥功名不顯於天下也。生我者父母，知我者鮑子也。」

管仲之所以能尊顯於齊，最直接的原因確實是有賴於鮑叔牙的知賢、薦賢與讓賢。步入仕途之初，管仲輔佐公子糾，鮑叔牙輔佐公子小白（即後來的齊桓公）。西元前六八五年，公子糾從魯國趕回，公子小白從莒國趕回，爭爲齊君，釀成戰事，管仲爲主子糾曾一箭射中小白的帶鉤。後來公子小白爭得君位，公子糾被殺，管仲被囚。齊桓公回到齊國，初執國政，不但雄心勃勃，而且深知「得人者昌，失人者亡」的大勢，欲任鮑叔牙爲太宰，主持國家政務。鮑叔主動讓賢，力薦管仲，非常誠懇地對桓公說：「君將治齊，即高傒與叔牙足也。君且欲霸王，非管夷吾不可。夷吾所居國國重，不可失也。」（《史記・齊太公世家》）又說：「臣之所不若管夷吾者五：寬惠柔民，弗若也；忠信可結於百姓，弗若也；制禮義可法於四方，弗若也；執枹鼓立於軍門，使百姓加勇焉，弗若也。」（《國語・齊語》）而後開導桓公從成就霸業著眼，忘卻一箭之仇，親迎管仲於郊，禮待於廟，任爲大夫，使「與鮑叔、隰朋、高傒修齊國政，連五家兵，設輕重魚鹽之利，以贍貧窮，祿賢能」（〈齊太公世家〉），深得國人擁護。不久，桓公拜管仲爲卿，兼轄文武，位居鮑叔牙之上。

管仲從西元前六八五年至西元前六四五年，任政相齊凡四十年，綱舉「四維」，加強農業，重視魚鹽，發展冶鐵鑄造，通貨積財，改革分封制，大力推行尊重賢才、富國強兵的政策，以

「尊王攘夷」爲旗幟，誅「夷狄」，伐無道，保衛華夏諸國，「大國慚愧，小國附協」，使桓公成爲春秋時代最早的霸主，使地處海濱的區區齊國常強於諸侯，且有泱泱大國之風。

管仲的治齊政績不但國人有口皆碑，幾乎只知天下有管仲、晏子而已，而且深得後世志士仁人的景仰。孔子稱贊管仲爲大有益於民衆的仁愛之人，曾對子路說：「桓公九合諸侯，不以兵車，管仲之力也。如其仁，如其仁。」又對子貢說：「管仲相桓公，霸諸侯，一匡天下，民到于今受其賜。微管仲，吾其被髮左衽矣。」（《論語・憲問》）司馬遷也說：「九合諸侯，一匡天下，管仲之謀也。」「管仲卒，齊國遵其政，常強於諸侯。」（《管晏列傳》）鞠躬盡瘁於蜀漢的諸葛亮，躬耕隴畝、隱居隆中時，也「每自比於管仲」（《三國志・蜀志・諸葛亮傳》），對管氏的功績聲名充溢著敬慕之情。總之，管仲不愧爲春秋時代的一位卓越的政治家、軍事家、思想家，他對後世的影響是很深遠的。

管子成就功業的原因

管仲何以能由一介布衣而位高卿相，名立而功成呢？原因當然是多方面的。概而言之，則不外主觀因素與客觀條件這兩大項。

雄才自古多磨難，管仲早期的生活道路是頗多坎坷的。如前所述，管仲雖然是貴族「姬姓」

的後裔，父親也曾作過齊國的大夫，但家境早已衰頽。在動盪的歲月與貧困的生活這個具體的社會環境中，管仲必然要進行艱難的拼搏。經商、爲吏、當兵，既是爲謀求生存、獲取溫飽所迫使，而此中的「心爲形役」，一再受挫，也不能不說是一種難得的磨練。正是這番磨練，使他經歷過許多事物，接觸過各種各樣的人物，見識過千奇百怪的世界，不但爲日後的發展積累了廣泛的社會經驗、豐富的應變知識，具備了審時度勢的非凡才能，而且養成了堅韌不拔的性格，堅定了「恥功名不顯於天下」的宏大志向和追求顯達向上的勃勃雄心。

因爲貧窮所迫使，管仲與鮑叔合夥經商而多分財利以活命；因有老母需贍養，他當兵棄戰而不效死於君王。「不爲窮困寧有此？」（杜甫〈又呈吳郎〉）嚴酷的現實使他深知生存是成就萬事的保證，而獲取生存的途徑如何，則盡可退居其次。這種細推物理，不囿小節，不被浮名羈絆的處事原則，應用到後來的知遇桓公，許身社稷，輔成霸業，則呈現出志士仁人的品格的異彩。

當公子小白還沒有成爲君主時，管仲與召忽、鮑叔牙就已在齊國的宮廷中以「士」的身分參與政治活動了。那時「士」的任務是平時幫辦行政庶務，戰時充當軍隊中堅，需具有文武兩方面的才幹。在討論應否輔佐諸公子，預測公子諸兒、糾、小白三人前途的問題時，管仲的見解皆高一籌。鮑叔牙認爲小白才能平平，曾不願輔佐。管仲力勸，說：「不可。持社稷宗廟者，不讓事，不廣（通「曠」）閒。將有國者未可知也，子其出乎！」主持社稷宗廟大事的人，不應當推辭艱巨，圖取安閒，這就是管仲的從政態度。召忽曾認爲小白在宮中勢孤力弱，鬥不過公子糾，不可能成為國君的繼承者。管仲力持異議，說：「不然也。夫國人憎惡糾之母以及糾之身，而憐小白之無母也。諸兒長而賤，事未可知也。所以定齊國者，非此二公子者，將無已也。小白之為人，無小智惕，而有大慮，非夷吾莫容小白。天不幸降禍加殃於齊，糾雖得立，事將不濟。」（《管子．大匡》）觀察問題從當事人本身的素質條件出發，從人心的向背出發，既不拘泥於一時的「靠山」，也不拘守古已有之的「傳統」，這正是管仲高明於召忽之處。

為了幫助公子糾奪取君位，管仲曾一箭射中公子小白的帶鉤。這是管仲忠於其主及欲實現自身理想的合理行為。後來公子糾爭位失敗，小白召令輔佐糾的管仲與召忽自魯回齊。召忽說：「殺君而用吾身，是再辱我也。子為生臣，忽為死臣。」「死者成行，生者成名，名不兩立，行不虛至。子其勉之，死生有分矣。」遂自刎而死。管仲則不以死殉糾，說：「夷吾之為君臣也，將承君命，奉社稷以持宗廟，豈死一糾哉？夷吾之所死者，社稷破，宗廟滅，祭祀絕，則夷吾死之。非此三者，則夷吾生。夷吾生則齊國利，夷吾死則齊國不利。」（〈大匡〉）自覺意識到個人的責任和價值，不愚忠於一公子糾，毅然以衛社稷、興宗廟、承祭祀為己任，為了實現自己的理想與抱負而不惜忍辱負重，這正是管仲的正確人生觀的生動體現。

對於管仲忍辱負重而輔佐桓公，不規小節而能成就榮名，不惡小恥而能建立大功，魯仲連曾有一段甚為精彩的議論：「昔者管夷吾射桓公中其鉤，篡也；遺公子糾不能死，怯也；束縛桎梏，辱也。若此三行者，世主不臣而鄉里不通。鄉使管子幽囚而不出，身死而不返於齊，則亦名不免爲辱人賤行矣。臧獲且羞與之同名矣，況世俗乎？故管子不恥身在縲紲之中而恥天下之不治，不恥不死公子糾而恥威之不信（伸）於諸侯，故兼三行之過而爲五霸首，名高天下而光燭鄰國。」當此之時，管仲「非不能成小廉而行小節也，以爲殺身亡軀，絕世滅後，功名不立，非智也。故去感忿之怨，立終身之名，棄忿悁之節，定累世之功，是以業與三王爭流，而名與天壤相弊也。」（《史記．魯仲連鄒陽列傳》）此番評說，體貼入微，管仲若能有知，必當引爲知己之歎。

管仲許身齊桓霸業之後，爲了便於行使職權，他直言不諱地提出了一些特殊要求。「桓公解管仲之束縛而相之。管仲曰：『臣有寵矣，然而臣卑。』公曰：『使之立高、國之上。』管仲曰：『臣貴矣，然而臣貧。』公曰：『使之有三歸之家。』管仲曰：『臣富矣，然而臣疏。』於是立以爲仲父。霄略曰：『管仲以賤爲不可以治貴（「貴」字原文爲「國」，從王渭說改），故請高、國之上；以貧爲不可以治富，故請三歸；以疏爲不可以治親，故處仲父。管仲非貪，以便治也。』」（《韓非子．難一》）這種「得隴望蜀」之求，在當時那種恪守禮制的社會氛圍中，一般說來，士大夫是不敢提的，管仲卻提出來了，而且得到了有識之士的理解。即如這點，也可表現出管仲思考問題不爲世俗觀念所囿的風格。

當然，管仲的至爲特異之處主要還是在於卓越的組織才能和高明的治國大略兩個方面。

管仲明確提出，凡孝悌忠信，賢良俊才，不論出身，不拘一格，都要加以選用；拔舉官吏，必須「論材量能，謀德而舉」（《管子・君臣上》），務使「德當其位，能當其官」（《管子・立政》）。標準確立之後，如何具體實施？這也是一種藝術。「桓公問置吏於管仲。管仲曰：『辯察於辭，清潔於貨，習人情，夷吾不如弦商，請立以爲大理。登降肅讓，以明禮待賓，臣不如隰朋，請立以爲大行。墾草仞邑，闢地生粟，臣不如甯戚（「戚」字原文爲「武」，從《新序》改），請以爲大田。三軍既成陳，使士視死如歸，臣不如公子成父，請以爲大司馬。犯顏極諫，臣不如東郭牙，請立以爲諫臣。治齊，此五子足矣，將欲霸王，夷吾在此。』」（《韓非子・外儲說左下》）很明顯，管仲的用人藝術是任其所長，將衆人的潛能、才力結合起來，使之相互補充，形成一個統一的整體。齊桓公正是採納了管仲的這一寓個體於群體的方策，將朝廷要員組成爲一個協調有力的政治集團，從而保證了富國稱霸這一戰略目標的實現。

關於管仲的治國藝術，司馬遷在〈管晏列傳〉中曾經作過精要的評述，說：「管仲既任政相齊，以區區之齊在海濱，通貨積財，富國強兵，與俗同好惡。故其稱曰：『倉廩實而知禮節，衣食足而知榮辱，上服度則六親固。四維不張，國乃滅亡。下令如流水之原，令順民心。』故論卑而易行。俗之所欲，因而予之；俗之所否，因而去之。」「其爲政也，善因禍而爲福，轉敗而爲功。貴輕重，愼權衡。」「知予之爲取，政之寶也。」這番評述，概括起來，其突出的要點有如下幾個方面，茲作簡要論說：

一、是綱舉「四維」。何謂「四維」？〈牧民〉說得很明白：「一曰禮，二曰義，三曰廉，四曰恥。禮不踰節，義不自進，廉不蔽惡，恥不從枉。」「禮」、「義」指對行爲的約束，「廉」、「恥」則是指對道德情操的要求。「守國之度，在飾四維」，「四維張則君令行」，「一維絕則傾，二維絕則危，三維絕則覆，四維絕則滅」，「四維不張，國乃滅亡」。的確，國家無論大小，必須要有一個正確的精神支柱來維繫，才會富有凝聚力，必須要有一個正確的行爲準則來規範，才能保持穩定。管仲治國的「與俗同好惡」的原則，正是對在順應民心的前提下積極誘導民衆、藉以維護長治久安的措施的簡明概括。

二、是「通貨積財」，經濟治國。管仲深知「凡有地牧民者，務在四時，守在倉廩。國多財則遠者來，地闢舉則民留處；倉廩實則知禮節，衣食足則知榮辱」（《牧民》），經濟生活對政治、道德起著決定的作用。欲使國家強盛、國民進步，必須使「國多財」，增強綜合國力，改善人民生活。因而他充分利用齊國近海靠山、山海之藏豐富的有利條件，開發自然資源，運用國家財政力量發展鹽鐵業、鑄造業和統一管理貨幣，「設輕重魚鹽之利」，擴大對外貿易，用「美金以鑄劍戟，試諸狗馬；惡金以鑄鉏夷斤斸，試諸壤土」（《國語・齊語》），改進農業生產工具，促進了農耕業的發展，提高了生產力的水平，終於使齊國這樣一個由西周初年分封時處於海濱徐、萊之間、地方百里的小國，在太公立國的基業上，再躍而爲雄視春秋一代的堂堂大國。

三、是「予之爲取」，治國「必先富民」。作爲一個傑出的改革家，管仲十分瞭解齊國的國情與民心。齊國地處僻遠，臨近大海，既有魚鹽之利，也常有海潮風沙災害侵襲，鹽鹼地甚多，地力亟待開發、改造，加上人口衆多，國土狹小，農業亟需發展；雖在文王初年，太公「修政，因其俗，簡其禮，通商工之業，便魚鹽之利」，打下了「人民多歸齊」的良好基業，但「其後齊中衰」（《史記・貨殖列傳》），國勢曾一度不振；今值列國紛爭，諸侯稱霸，得人則昌，失人則亡的風雲變幻時代，必須抓住機遇，積極改革，方能增強國力，使民留處；因而他堅持實施「予之爲取」、積財於民的治國方針。管仲深知「百姓無寶，以利爲首」（《管子・侈靡》），「天下熙熙，皆爲利來；天下壤壤，皆爲利往」（《貨殖列傳》），謀取物質利益，求得生存、温飽、發展，嚮往富裕幸福，這是人們的共有要求。「凡治國之道，必先富民」，「善爲國者，必先富民」，「民富則易治也」，「富而治，此王之道也」（《管子・治國》）。如果執政者能順應民心，作到「民惡憂勞，我佚樂之；民惡貧賤，我富貴之；民惡危墜，我存安之；民惡滅絶，我生育之」（《牧民》），滿足人民「佚樂」的需要，「富貴」的需要，「安全」的需要，「生育」的需要，就能獲得民心，得到人民擁護，政權就能鞏固。守成如此，發展也是如此。「政之所興，在順民心」（《牧民》），欲求改革勝利，同樣離不開順應民心。因而他採取的「設輕重魚鹽之利」、「通貨積財」、按土地好壞徵稅、減輕農民勞役負擔、「無奪民時」、「犧牲不勞」、「省刑罰、薄賦斂」（《小匡》）等等放寬、「先予」，厚施薄取之類的政策，深得全國擁護，使得「齊人皆說」。且其澤被後世，良非一代。乃至時隔六百餘年之後，司馬遷尚在感歎不已地說：「齊桓公用管仲之謀，通輕重之權，徼山海之業，以朝諸侯，用區區之齊顯成霸名。」[五]（〈平準書〉）「吾適齊，自泰山屬之琅琊，北被於海，膏壤二千里，其民闊達多匿知，其天性也。以太公之聖，建國本，桓公之盛，修善政，以爲諸侯會盟，稱伯，不亦宜乎？洋洋哉，固大國之風也！」[六]（〈齊太公世家〉）

對於管仲治齊的思想境界、功業才華之歎賞，至今仍然不絕。若需舉例，則石一參在其《管子今詮・中編・小匡》中之稱譽最爲全面，說：「一以見管氏之忠於齊國之社稷，而不在忠於公子糾之一人；一匡之業本於豫圖，非苟圖功名而棄節操者比也！一以見管氏之霸業，非專治兵事而侵伐鄰國以圖強者，其本則在於選賢任官，量能課吏，政必躬親，法無旁貸；且交鄰以道，感人以誠，救亂扶危，存亡繼絕。雖古之王者，何以加茲？至其連、鄉、軌、里之規模，士、農、工、商之課業，孝、悌、忠、信之教言，生、殺、貴、賤、貧、富之六秉，操之裕如，宜孔子之予其仁而感其賜也！吾無間然矣。」

管仲何以能成就如此卓著的「治齊」業績，贏得竟使夫子「予其仁而感其賜」的聲名呢？

人生需要至誠的交往，更需要摯友的幫助。管仲功成而名立的外因之一，就是得力於鮑叔牙的推薦。

前文已經述及，管仲相齊之前，鮑叔牙對管仲十分體貼、理解，百般關心、扶助，致使管仲深有「生我者父母，知我者鮑子也」之歎。此「歎」字字如出肺腑，絕無諛辭之嫌。在常人眼中，管仲之所爲，的確可涉「爲貪」、「爲愚」、「爲不肖」、「爲怯」、「爲無恥」，若果鑄成如此五種「醜行」，管仲尚何以自立於世？然而鮑叔牙卻反常道而觀之，視之爲求生存、求發展的人生途中可以理解的行爲。其中所謂「不羞小節而恥功名不顯於天下」一語，尤其堪爲知音之論。可以想見，鮑叔牙的這種體貼與理解，對於管仲衝出逆境，發憤作爲，該是一種多麼大的激勵！

管仲輔佐公子糾之後，確實運數不濟。在與公子小白爭奪君位的戰事中，不但公子糾敗北，而且管仲還曾爲其主子射過小白一箭。「及小白立爲桓公，公子糾死，管仲囚焉」（〈管晏列傳〉）。在管仲性命難保之際，又是鮑叔出面營救，並且薦爲大夫。「桓公之立，發兵攻魯，心欲殺管仲。鮑叔牙曰：『臣幸得從君，君竟以立。君之尊，臣無以增君。君將治齊，即高傒與叔牙足也。君且欲霸王，非管夷吾不可。夷吾所居國國重，不可失也。』於是桓公從之，仍佯爲召管仲欲甘心，實欲用之。管仲知之，故請往。鮑叔牙迎受管仲，及堂阜而脫桎梏，齋祓而見桓公。桓公厚禮以爲大夫，任政。」（〈齊太公世家〉）

桓公自莒回到齊國，叫鮑叔牙擔任太宰。鮑叔力薦管仲，說：「臣，君之庸臣也。君有加惠於其臣，使臣不凍飢，則是君之賜也。若必治國家，則非臣之所能也，其唯管夷吾乎？臣之所不如管夷吾者五：寬惠愛民，臣不如也；治國不失秉，臣不如也；忠信可結於諸侯，臣不如也；制禮義可法於四方，臣不如也；介胄執枹，立於軍門，使百姓皆加勇，臣不如也。夫管仲，民之父母也，將欲治其子，不可棄其父母。」（〈小匡〉）「鮑叔既進管仲，以身下之」（〈管晏列傳〉）。管仲由囚徒而至大夫，而至國相，雖是才德堪稱，然而要是沒有鮑叔牙知賢、薦賢與讓賢，哪裡會有這般機遇？二者相形，「天下不多（贊美）管仲之賢而多鮑叔能知人也」（〈管晏列傳〉），的確可謂自然之理。

然而英雄終究是時勢所造。歷史車輪進入春秋時代，舊的奴隸制度已經漸趨崩潰，新的封建制度已經興起。周王朝急劇衰落，形同傀儡，列國各自爲政，諸侯鵲起爭霸，已經成爲這一時代的顯著特徵。在這個大動盪、大分化、大變革的歷史潮流面前，如何順時應勢，圖強自存，是每一個欲有所作爲的諸侯國君不得不回答的課題。歷史的經驗和嚴峻的現實在他們的眼前展示出了一條明明白白的道理：「夫爭天下者，必先爭人」（《管子·霸言》），得人者昌，失人者亡。這個「人」字，固然包括耕稼以食的「芸芸衆生」，但尤其是指那些有治國安邦本領的知識分子——士，他們有的能積粟帛、實倉廩，有的能精器械、強甲兵，有的能睦鄰國、友諸侯、安百姓，有的雖無具體技能，但有一套系統的理論和見解可以啟迪國君審時度勢，識別潮流。這些人士都被當代社會尊爲「賢才」，常爲執政者所爭迎取養。

桓公之爲人，自幼有別於公子諸兒的品格低賤，也不同於公子糾的依仗母勢，而是不要小聰明，胸有大志向。承繼君位之後，更抱著中興太公基業，一舉稱霸中原的雄心，廣羅人才，唯賢是舉。雖然曾經心懷一箭之忿，「心欲殺管仲」，但一聽鮑叔牙說「君且欲霸王，非管夷吾不可。夷吾所居國國重，不可失也」，便立即捐棄前嫌，「厚禮以爲大夫」，讓管仲與鮑叔、隰朋、高傒等人共修齊國國政。

齊桓公之所以能厚待管仲，一方面，既與桓公的胸懷豁達、眼光高遠、思想較有民主色彩有關，另一方面，也是時代風尚使然。春秋時代，知識分子相當活躍，能量甚大，頗爲吃香，諸侯各國大都尊重知識，尊重人才。比如孔子，雖然說的多是一些不大合時的話，但仍然是個頗受尊重的學者。那時的君主，也還沒有後世這麼神聖、威風，知識分子竟至可以與之抗禮。若道不行，即可揚長而去。曾子說過：「晉、楚之富，不可及也。彼以其富，我以吾仁；彼以其爵，我以吾義，吾何慊乎哉？」（《孟子・公孫丑下》）所以，管仲之遇時、遇主，大約這也就是他由布衣而卿相，功成而名立的又一個外因吧。

管仲與《管子》

管仲逝世以後，流傳著一部《管子》，韓非、賈誼、司馬遷等人都曾詳研細讀。韓非〈五蠹〉說：「今境內之民皆言治，藏商、管之法者家有之。」〈難三〉中更多次引用〈權修〉、〈形勢〉中用語，藉以展開議論。賈誼《新書・俗激》說：「管子曰：『四維，一曰禮，二曰義，三曰廉，四曰恥。』『四維不張，國乃滅亡。』」司馬遷〈管晏列傳〉則說得更爲明確：「吾讀管氏〈牧民〉、〈山高〉、〈乘馬〉、〈輕重〉、〈九府〉。」「詳哉，其言之也！」

這時的《管子》，不但「世多有之」，而且已經有多種版本。漢成帝時，光祿大夫劉向整理《管子》，在其《校錄‧序》中說：「所校讎中管子書三百八十九篇，太中大夫卜圭書二十七篇，臣富參書四十一篇，射聲校尉立書十一篇，太史書九十六篇。凡中外書五百六十四，以校除覆重四百八十四篇（按：當爲四百七十八篇），定著八十六篇，殺青而書可繕寫也。」劉向整理後的《管子》，《漢書‧藝文志》著錄八十六篇，《隋書‧藝文志》著錄十九卷，《舊唐書‧經籍志》著錄十八卷，《新唐書‧藝文志》著錄十九卷，《宋史‧藝文志》著錄二十四卷。今本《管子》題爲八十六篇，共分八類：「經言」九篇，即〈牧民〉、〈形勢〉、〈權修〉、〈立政〉、〈乘馬〉、〈七法〉、〈版法〉、〈幼官〉、〈幼官圖〉；「外言」八篇，即〈五輔〉、〈宙合〉、〈樞言〉、〈八觀〉、〈法禁〉、〈重令〉、〈法法〉、〈兵法〉；「內言」九篇，即〈大匡〉、〈中匡〉、〈小匡〉、〈霸形〉、〈霸言〉、〈問〉、〈戒〉（另亡佚〈王言〉、〈謀失〉二篇）；「短語」十八篇，即〈地圖〉、〈參患〉、〈制分〉、〈君臣上〉、〈君臣下〉、〈小稱〉、〈四稱〉、〈侈靡〉、〈心術上〉、〈心術下〉、〈白心〉、〈水地〉、〈四時〉、〈五行〉、〈勢〉、〈正〉、〈九變〉（另亡佚〈正言〉一篇）；「區言」五篇，即〈任法〉、〈明法〉、〈正世〉、〈治國〉、〈內業〉；「雜篇」十三篇，即〈封禪〉、〈小問〉、〈七臣七主〉、〈禁藏〉、〈入國〉、〈九守〉、〈桓公問〉、〈度地〉、〈地員〉、〈弟子職〉（另亡佚〈言昭〉、〈修身〉、〈問霸〉三篇）；「管子解」五篇，即〈形勢解〉、〈立政・九敗解〉、〈版法解〉、〈明法解〉（另亡佚〈牧民解〉一篇）；「輕重」十九篇，即〈匡乘馬〉、〈乘馬數〉、〈事語〉、〈海王〉、〈國蓄〉、〈山國軌〉、〈山權數〉、〈山至數〉、〈地數〉、〈揆度〉、〈國准〉、〈輕重甲〉、〈輕重乙〉、〈輕重丁〉、〈輕重戊〉、〈輕重己〉（另亡佚〈問乘馬〉、〈輕重丙〉、〈輕重庚〉三篇）。其中〈王言〉等十篇有目無辭，實存七十六篇。簡篇錯亂之處頗多，部分章句已經駁雜難辨，個別篇什似有王莽新朝色彩。由此看來，今存《管子》恐已不是劉向校編本的原貌了。

《管子》一書，《漢書》、《隋書》、《舊唐書》、《新唐書》、《宋史》等著錄時都謂爲「管夷吾撰」，但早從西晉時傅玄開始，對於《管子》的作者就已有了懷疑。《傅子》說：「《管子》之書，半是後之好事者所加，〈輕重篇〉尤鄙俗。」稍後則異議更多。延至今世，或持遺著說，或持部分遺著說，或持遺說論，或持僞託說，爭論甚爲持久。此書究竟係何人所著？作於何時？現時學術界大體一致的看法是：《管子》並非管仲之作，乃是後學欲闡釋管仲學說，遂依託管仲之名而成書，而且既非一人之筆，也非一時之書。

說《管子》並非管仲所作，最有力的證據便是其中不少篇章已經言及管仲身後的史實。比如〈立政〉批評「兼愛」學說，謂「兼愛之說勝，則士卒不戰」，批評「偃武」、「全生」學說，謂「寢兵之說勝，則險阻不守」，「全生之說勝，則廉恥不立」，便皆非管仲時事。「兼愛」是墨翟的主張，「寢兵」、「全生」則分別是《莊子・天下》及〈養生主〉中用語，墨翟的出生已在管仲去世一百七十餘年之後，莊周的問世則距離更爲遙遠了。〈小稱〉說：「毛嬙、西施，天下之美人也，盛怨氣於面，不能以爲可好。」毛嬙、西施是吳、越稱霸時人，其時管仲早已不在人世。

再如《管子・小匡》與《國語・齊語》都有記述桓公詢問管仲關於「成民之事」的文字，對比一下，也是很能說明問題的。

〈齊語〉的記述是：

桓公曰：「成民之事若何？」管子對曰：「四民者，勿使雜處。雜處則其言哤，其事易。」公曰：「處士、農、工、商若何？」管子對曰：「昔聖王之處士也，使就閒燕；處工，就官府；處商，就市井；處農，就田野。

「令夫士，群萃而州處，閒燕則父與父言義，子與子言孝，其事君者言敬，其幼者言弟。少而習焉，其心安焉，不見異物而遷焉。是故其父兄之教不肅而成，其子弟之學不勞而能。夫是，故士之子恆爲士。

「令夫工，群萃而州處，審其四時，辨其功苦，權節其用，論比協材，旦暮從事，施於四方，以飭其子弟，相語以事，相示以巧，相陳以功。少而習焉，其心安焉，不見異物而遷焉。是故其父兄之教不肅而成，其子弟之學不勞而能。夫是，故工之子恆爲工。

「令夫商，群萃而州處，察其四時，而監其鄉之資，以知其市之賈，負任儋荷，服牛軺馬，以周四方，以其所有，易其所無，市賤鬻貴。旦暮從事於此，以飭其子弟，相語以利，相示以賴，相陳以知賈。少而習焉，其心安焉，不見異物而遷焉。是故其父兄之教不肅而成，其子弟之學不勞而能。夫是，故商之子恆爲商。

「令夫農，群萃而州處，察其四時，權節其用，耒耜耞芟。及寒，擊菒除田，以待時耕；及耕，深耕而疾耰之，以待時雨；時雨既至，挾其槍刈耨鎛，以旦暮從事於田野。脫衣就功，首戴茅蒲，身衣襏襫，霑體塗足，暴其髮膚，盡其四支之敏，以從事於田野。少而習焉，其心安焉，不見異物而遷焉。是故其父兄之教不肅而成，其子弟之學不勞而能。夫是，故農之子恆爲農。」

〈小匡〉的記述則是：

桓公曰：「定民之居，成民之事奈何？」管子對曰：「士農工商四民者，國之石民也，不可使雜處。雜處則其言哤，其事亂。是故聖王之處士必於閒燕，處農必就田壄，處工必就官府，處商必就市井。

「今（或謂當據〈齊語〉改爲「令」，下同）夫士，群萃而州處，閒燕則父與父言義，子與子言孝，其事君者言敬，長者言愛，幼者言弟。旦昔從事於此，以教其子弟，少而習焉，其心安焉，不見異物而遷焉。是故其父兄之教，不肅而成；其子弟之學，不勞而能。夫是，故士之子常爲士。

「今夫農，群萃而州處，審其四時，權節其用，備其械器，比耒耜枷芟（原文爲「殺芟」，據〈齊語〉改）。及寒，擊槀除田，以待時乃耕，深耕，均種，疾耰。先雨芸耨，以待時雨。時雨既至，挾其槍、刈、耨、鎛，以旦暮從事於田壄，稅衣就功，別苗莠，列疏遫。首戴苧蒲，身服襏襫，沾體塗足，暴其髮膚，盡其四支之力，以疾從事於田野。少而習焉，其心安焉，不見異物而遷焉。是故其父兄之教，不肅而成；其子弟之學，不勞而能。夫是，農之子常爲農。樸野而不慝，其秀才之能爲士者，則足賴也。故以耕則多粟，以仕則多賢，是以聖王敬畏戚農。

「今夫工，群萃而州處，相良材，審其四時，辨其功苦，權節其用，論比、計制、斷器，尚完利。相語以事，相示以功，相陳以巧，相高以知事（或謂「事」字當依上文三個四字句例刪）。旦昔從事於此，以教其子弟。少而習焉，其心安焉，不見異物而遷焉。是故其父兄之教，不肅而成；其子弟之學，不勞而能。夫是，故工之子常爲工」。

「今夫商，群萃而州處，觀凶飢，審國變，察其四時，而監其鄉之貨，以知其市之賈。負任擔荷，服牛輅馬，以周四方；料多少，計貴賤，以其所有，易其所無，買賤鬻貴。是以羽旄不求而至，竹箭有餘於國，奇怪時來，珍異物聚。旦昔從事於此，以教其子弟。相語以利，相示以時，相陳以知賈。少而習焉，其心安焉，不見異物而遷焉。是故其父兄之教，不肅而成；其子弟之學，不勞而能。夫是，故商之子常爲商。」

以上不厭其詳地引述的兩大段文字，都是議論合理規畫士農工商四民居處，以利職業養成，內容都很精彩。但細加比較，風格差異甚明。前者簡約中略顯粗疏，後者誇飾中愈見精密；前者古樸雅典，後者氣勢充沛，還增添了若干故事情節，加強了文學色彩。前修未密，後學轉精。相形之下，不難看出《管子・小匡》自是晚出於《國語・齊語》。《國語》尚是春秋末期之作，〈小匡〉的成文自當距離管仲時代更爲遙遠了。倘若把握語言的時代特徵來讀《管子》，也可辨出不少篇什當非管仲之作。

另外，如《管子》中多有「管子」與「桓公」的對話。但「桓公」是公子小白死後的謚號，管仲早死於小白三年，當必不知「桓公」之稱。又書中多次出現「管子曰」，顯然是後人用語。且多存錄「管子《解》」，使得同書之中既有「正文」，又有「解文」，各自獨立成篇，體例甚爲奇特。諸如以上一類文章，當爲後人所作無疑。

因此，《管子》一書與管仲其人，在著述關係方面，只能說是既有聯繫，又有區別。所謂聯繫，是全書確實記述了管仲的思想和言行，闡述了管仲的見解和主張；所謂區別，則是這些記述和闡釋並非出自管仲之手。《管子》的作者既欲追述管仲的思想與實踐，發揚光大管仲的言論和主張，又欲借助管仲的聲名闡發傳播自己的意見，託名「管子」，文以人傳，不但是自然之勢，而且頗合古時常例。呂思勉說：「先秦諸子，大抵不自著書。今其書之存者，大抵治其學者所爲，而其纂輯，則更出於後之人。亡佚既多，輯其書者，又未必通其學。不過見講此類學術之書，共有若干，即合而編之，而取此種學派中最有名之人，題之曰某子云耳。然則某子之標題，本不過表明學派之詞，不謂書即其人所著。」（《先秦學術概論·研究先秦諸子之法》）此則論述，正精闢地闡明了這種通例。

《管子》非一時之作

說《管子》並非一時之書，則主要是從諸篇內容所揭示的時代特徵而言。依據這個特徵來辨《管子》，則可以斷言，雖然其中也有極少數篇章可以視爲春秋時代的作品，如牛力達（「管子」書各篇斷代瑣談）中所指出的〈版法〉、〈大匡〉之類，但其絕大部分作品當成於戰國時代。比如曾經被人認爲是「管仲遺著」的「經言」九篇和「外言」〈五輔〉，絕大多數篇章最早也當是戰國時期的作品。因爲從現存的典籍來看，中國古代的「富國」主張，出現於戰國中期。而以上所列十篇中，〈立政〉、〈五輔〉就直接提出了「富國」之說，〈權修〉、〈七法〉則間接提出了「富國」的問題。又比如，以農業生產爲「本」，視奢侈品生產爲「末」的觀點，也是產生於戰國時期，而以上所列十篇中，〈牧民〉、〈權修〉、〈立政〉、〈幼官〉、〈幼官圖〉及〈五輔〉諸篇，就都提出了「務本禁末」的主張。〈重令〉、〈治國〉等篇，也都體現了這種觀點。這是從經濟角度而言。

若從政治角度而言，則《管子》中不少篇章可以找出田齊政權的特色。比如，田氏代齊的主要策略是博取民心。他們採取大斗出，小斗進，貸糧濟民及「山木如市，弗加於山；魚、鹽、蜃、蛤，弗加於海」一類措施，曾經獲得了齊國百姓「愛之如父母，而歸之如流水，欲無獲民，將焉辟之」（《左傳‧昭公三年》）的極佳效果。〈牧民〉中的如下一段話，就很像是對於這類措施的理論性的概括。〈牧民〉說：「政之所興，在順民心；政之所廢，在逆民心。」這種欲取先予、取予並施的治政經驗，曾深得司馬遷的贊賞；而如此全面闡述得失取予的精鍊文字，在先秦諸子之作中也是很難見到的。田氏代齊的治政實踐與〈牧民〉的理論概括之間出現的這種緊密聯繫，也很難說只是一種偶然的巧合而已。又比如，田氏代齊的奪權特點是以臣代君，這在先秦諸子之作，特別是儒家經典之中，是被視爲大逆不道的行爲的。然而《管子》卻說：「君不君則臣不臣，父不父則子不子。上失其位，則下逾其節；上下不和，令乃不行。」（〈形勢〉）「地之生財有時，民之用力有倦，而人君之欲無窮。以有時與有倦，養無窮之君，而度量不生於其間，則上下相疾也。是以臣有殺其君、子有殺其父者矣。」（〈權修〉）「天下不患無臣，患無君以使之；天下不患無財，患無人以分之。故知時者可立以爲長，無私者可置以爲政，審於時而察於用，而能備官者，可奉以爲君也。」（〈牧民〉）這些言論的傾向十分鮮明，對於田氏代齊之舉，顯然是持認可和贊同的態度。如果將這類言論說成是爲田氏奪權提供了理論依據，應當說，也是不能算爲牽強的。不少《管子》研究者都已指出，這類篇章當是戰國時代齊國稷下學宮的學者們的著作。

不但如此，《管子》中的不少篇章還是秦漢時人之作。郭沫若謂〈明法〉「必係秦文無疑」，而〈明法解〉「乃不通秦語之漢人所爲也」（《管子集校》（三））。牛力達在〈「管子」書各篇斷代瑣談〉中說〈幼官〉和〈幼官圖〉的內容既多見於〈七法〉、〈兵法〉、〈四時〉諸篇，形式上又取明堂圓式，籠罩著神秘、迷信色彩，當是劉向之子劉歆「爲了王莽篡漢的政治需要，在重編《管子》書時所做的文字遊戲」。至於「輕重十九篇」，則王國維《觀堂別集補遺．月氏未西徙大夏時故地考》、郭沫若《管子集校》（四）、馬非百《管子輕重篇新詮》等著均舉有大量例證，論爲西漢時期所作。

總之，就成書過程而言，《管子》是一部時間跨度很大的作品，可以幫助我們考察和認識自春秋戰國時代以迄秦漢很長一段歷史進程。就內容而言，《管子》可謂一部百科全書式的著述。大凡哲學思想、倫理思想、教育思想、政治思想、經濟思想、軍事思想以及自然科學思想等等，無不包容，而且不乏精闢的議論，深邃的見解，對後世有著深遠的影響。

《管子》的哲學思想

《管子》中包含著深邃的哲學思想。其中關於天、道、精氣等的論述，尤爲精妙。

可以認知的物質之「天」

《管子》中關於「天」的論述處甚多。有人曾作過統計，全書共有八百零一處，其數量之多，僅次於《墨子》論「天」的九百零九處。《管子》中的「天」，往往與「地」相連或相對使用。在作者的筆下，「天」已不是人格化的至上神，而只是一種物質現象，不帶有任何「神聖」色彩。〈形勢解〉說：「天，覆萬物，制寒暑，行日月，次星辰，天之常也。」這裡所說的「天」，便是指由日、月、星辰、陰陽、風雨、晦明等天象和氣象所構成的物質實體。〈形勢〉說：「天不變其常，地不易其則，春秋冬夏不更其節。」〈宙合〉說：「夫天地一險一易。」

「天地，萬物之橐，宙合有橐天地。」這裡所說的天，便是指與「大地」相對而高高在上的悠悠蒼天。《管子》中的天，也往往與「人」相對使用，明白揭示出「天」不再是至高無上的絕對權威，而只是一種自然現象。〈君臣上〉說：「天有常象，地有常形，人有常禮。」這裡的「天」，與「地」，與「人」並舉，是自然之天，指天文現象而言，不帶有任何神秘色彩。既是物質之天，自然之天，當然也就沒有意志，不會附帶感情色彩。所以，作者說：「如天如地，何私何親？」（〈牧民〉）實實在在，客觀得很。

天，不是主宰萬物之天，而是與「地」、與「人」相並列而存在的自然之天；不是神秘莫測之天，而是有其客觀的變化規律的物質之天。這就是《管子》作者關於「天」的基本觀點。

天，既然是一種物質現象，既然可以認知，當然也就可以利用，可以駕馭。〈版法〉說：「法天合德，象地無親，參於日月，伍（原文爲『佐』，據〈版法解〉改）於四時。」〈版法解〉說：「法天地之位，象四時之行，以治天下。」「天地之位，有前有後，有左有右，聖人法之，以建經紀。」「天覆而無外也，其德無所不在。」「聖人法之，以覆載萬民。」〈五行〉說：君主當「以天爲父，以地爲母，以開乎萬物，以總一統」。這些述說，作者的見解表述得很明白，治政者若能以天地的運行規律爲法則，以天地的存在形式爲榜樣，則可以治理國家，安定萬民，開發萬物，成就統一天下的功業。

從以上諸例可以看出，《管子》所言之天，乃是天地之天，是具有時空屬性的物質之天，是獨立於主體之外的客觀之天，是同人類的實踐活動密切關聯的自然之天，也是具有其自身運行規律的可知之天。這種認識，一掃命運之天和意志之天的種種迷霧，顯現出唯物的、辯證的可貴特質，比之於儒家所謂「天命」之天和墨子所謂「天志」之天，無疑是要高出一籌的。

滿而不溢，盛而不衰之「道」

《管子》關於「道」的論述，也頗爲詳贍。「虛而（『而』原文爲『無』，據王念孫說改）無形之謂道」（〈心術上〉），「夫道者，所以充形也，而人不能固。其往不復，其來不舍。謀乎莫聞其音，卒乎乃在於心；冥冥乎不見其形，淫淫乎與我俱生。不見其形，不聞其聲，而序其成，謂之道」，「凡道，無根無莖，無葉無榮，萬物以生，萬物以成，命之曰道」（〈內業〉），「無德無怨，無好無惡，萬物崇一，陰陽同度，曰道」（〈正〉），「凡道，必周必密，必寬必舒，必堅必固」（〈內業〉），「道者，一人用之，不聞有餘，天下用之，不聞不足。此謂道矣」（〈白心〉），「始乎無端，道也；卒乎無窮，德也。道不可量，德不可數」（〈幼官圖〉），「道在天地之間也，其大無外，其小無內」（〈心術上〉）。高明的《管子》作者將「道」的形態，描述得十分形象。在作者的筆下，虛而無形，往來無止，無聲無息，無葉無根，無憎無愛，生成萬物，周密堅固，寬舒自如，無可限量，充塞天地，「滿而不溢，盛而不衰」（〈形勢解〉）：這就是「道」的存在形式。

對於「道」的這種形式特徵的描畫，〈白心〉有一節堪稱淋漓盡致的文字：

天或維之，地或載之。天莫之維，則天以墜矣；地莫之載，則地以沈矣。夫天不墜，地不沈，夫或維而載之也夫！又況於人？人有治之，辟之若夫靁鼓之動也。夫不能自搖者，夫或搖之。夫或者何？若然者也。視則不見，聽則不聞，灑乎天下滿，不見其塞。集於顏色，知於肌膚。責其往來，莫知其時。薄乎其方也，韕乎其圜也。韕韕乎莫得其門。故口爲聲也，耳爲聽也，目有視也，手有指也，足有履也，事物有所比也。

這節文字，眞個把「道」的存在形式寫得神態活現。茲不揣譾陋，試語譯如下：

天，似乎有個什麼東西在維繫著它；地，似乎有個什麼東西在乘載著它。天，若是沒有東西維繫著，便塌下來了；地，若是沒有東西乘載著，便沈下去了。天之所以不塌，地之所以不沈，尚且好像有個什麼東西在維繫、在乘載著它們哩！又何況對於人而言？人，也有一種力量在支配著，正好比那個大鼓要被敲擊一樣。大凡不能自動的事物，都似乎有某種力量在推動著它們。這種力量是指什麼？就是上面所講的那麼一種東西。既看不見，又聽不到，散落滿天下，也看不出有充塞的現象。聚集在人們的臉色上，感知在人們的肌膚上。想探求它的往來行蹤麼？卻不能察知它的活動時間。它廣大無垠，充塞四方；清濁渾成，又瀰漫天空。而且渾渾沌沌，找不著門徑。它使得口能發聲，耳能聽音，目能視色，手能指事，足能行進，一切事物都有所依傍。

這，哪裡是論述「道」？簡直是一則歌頌「道」的小賦。

「道」的作用是什麼呢？〈君臣上〉說：「道者，成人之生（原文作『誠人之姓』，據戴望說改）也，非在人也。」「道也者，萬物之要也。」「道也者，上之所以道民也。」〈內業〉說：「道也者，口之所不能言也，目之所不能視也，耳之所不能聽也，所以修心而正形也；人之所失以死，所得以生也。」很明顯，「道」的作用非常重大，是生命的源泉，萬物的樞要，君主可以用來引導民衆，衆人可以用來修養內心，端正形貌。誰也離不開它，誰也用得著它。在治國、王天下的大業中，「道」尤其是萬不可失的至寶。「君失其道，無以有其國」（〈君臣上〉），「欲王天下而失天之道，天下不可得而王也」（〈形勢〉）。作者何以下如此論斷呢？〈形勢解〉作了頗爲簡要的闡明，說：「主有天道，以御其民，則民一心而奉其上，故能富貴而久王天下。失天之道，則民離畔而不聽從，故主危而不得久王天下。故曰：『欲王天下而失天之道，天下不可得而王也。』」作者認爲，治政者宜盡力使「人事」與「天道」相協調，「人與天調，然後天地之美生」（〈五行〉）。「其功順天者，天助之；其功逆天者，天違之。天之所助，雖小必大；天之所違，雖成必敗。順天者有其功，逆天者懷其凶，不可復振也」（〈形勢〉）。得道者天助，失道者天違；「人事」與「天道」協調和諧，天地便能促成如願美事：這就是作者關於「人事」與「天道」關係的總看法。強調「人事」要與客觀規律相協調，無疑是一個十分高明的見解。

尤爲可貴的是，《管子》作者不但闡明了應當協調的道理，而且提出了實現「協調」的具體措施：即〈版法解〉所謂「法天地之位，象四時之行」，意即要法天象地，依天時行事；即〈勢〉所謂「未得天極，則隱於德；已得天極，則致其力。既成其功，順守其從，人不能代」，意謂若不合於「天道」準則，則應當暗自通過修德而加以調整；若已合於「天道」準則，便應當發揮自己的實力。一旦獲得成功，就可以順守其成功的業績，誰也不能取而代之。既強調人們的實踐活動必須有賴於「天道」，必須遵循「天道」，又指出人們可以認知「天道」，力行「天道」，施展才能，成就功業；在「天道」面前，人們不應當是「無爲」的被動者，而可以是「有爲」的能動者。這就是《管子》論「道」給予我們的深刻啟示。

綜上所述，可見《管子》之「道」，已經包含著兩個層次。其一，「道」是「上通於天之上，下泉於地之下，外出於四海，合絡天地，以爲一裹」（〈宙合〉），且包容著「氣」、「精氣」之類的物質實體，是天地萬物的本原。其二，「道」的活動，具有「人不能固」、「人不能代」的客觀規律，誰也不能違背。「得天之道，其事若自然；失天之道，雖立不安」（〈形勢〉）。而此中所謂「天道」，就自然觀而言，是指自然界的客觀規律；就社會觀而言，則是指治國安民的基本法則。相對於老子之「道」而言，《管子》之「道」顯然是一種十分可喜的改造、補充和發展。

化育萬物之「德」

對於與「道」相關聯的「德」，《管子》也有論及。〈心術上〉篇所述，最爲集中，說：「虛而無形謂之道，化育萬物謂之德。」「無爲之謂道，舍之之謂德，故道之與得無間，故言之者無別也。」「德者，道之舍也。」「故德者，得也。得也者，其謂所得以然也以。」這些文字，簡明扼要地闡釋了「德」就是一物所得於「道」的本性；一物所具有的「德」，就是「道」的具體所在；「德」的作用，就在於「化育萬物」；「道之與得無間」，若勉強區分，則前者可視爲內質，後者可視爲外形。這些論述，對於幫助讀者理解「德」的涵義、作用及其與「道」的關係，助益甚大。至於「德」之與品行相關聯的意義，下文還將論及，茲不贅述。

精微粹美，善於變化之「氣」

《管子》中的〈心術上〉、〈心術下〉和〈內業〉諸篇，多次論及「精」和「精氣」問題。〈內業〉說：「精也者，氣之精者也。」〈心術下〉說：「一氣能變曰精。」意謂「精」，就是「精氣」。精氣，就是精微粹美之氣，就是善於變化之氣。它具有區別於其他諸氣的特徵，即〈內業〉所謂「杲乎如登於天，杳乎如入於淵，淖乎如在於海，卒乎如在於己。是故此氣也，不可止以力，而可安以德；不可呼以聲，而可迎以音」。意思是說，這種「精氣」，有時光亮得好像懸在高空，有時幽暗得好像藏在深淵，有時含渾得好像浸泡在海水裡，有時明顯得好像全部集中到了自己身上。這種氣，不能夠用外力去強留，卻可以用德操來安定，不能夠用噪聲去呼喚，卻可以用樂音來迎接。其精微粹美，變化無窮，簡直令人難以捉摸。

精氣的作用是什麼呢？〈內業〉說：「凡物之精，比（意謂並列、結合。原文爲『此』，據石一參說校改）則爲生。下生五穀，上爲列星。」「凡人之生也，天出其精，地出其形，合此以爲人。」「摶（聚結。原文爲『搏』，據王念孫說校改）氣如神，萬物備存。」這就是說，上至列星，下至五穀，中至衆民，乃至世間萬物，都是精氣所生成。尚不止此，〈內業〉又說：精氣「流於天地之間，謂之鬼神；藏於胸中，謂之聖人」。聖人「定心在中，耳目聰明，四肢堅固，可以爲精舍」。意謂鬼神也是精氣所生成，聖人的智慧也是精氣所導致。對於常人，精氣也至爲重要。精氣存在內心，人就平安自在，儀態詳和，容顏豐潤，內涵好像一個不竭的泉源，形成一個充滿浩大和平之氣的淵源，使之體魄健全，思維敏銳。即〈內業〉所謂「精存自在，其外安榮，內藏以爲泉源，浩然和平，以爲氣淵。淵之不涸，四體乃固；泉之不竭，九竅遂通」。

如何獲得精氣呢？〈內業〉主要從修心養生方面加以闡釋，提出了三條辦法。一是養生而得。大凡飲食之道，吃得太足，就會傷胃而體質不好；吃得太少，就會枯骨而血流不暢。唯有「充攝之間，此謂和成，精之所舍，而知之所生」。所謂「和成」，就是調和舒暢。意即飲食適度，身體健康，精氣才會有所寄託，智慧才能產生。二是守靜而得。「敬除其舍，精將自來。精想思之，寧念治之，嚴容敬畏，精將至定」。意謂內心消除雜念，精氣就會自然到來；恪守嚴肅謹慎的態度，精氣就會極爲安定。三是思慮而得。「思之，思之，又重思之。思之而不通，鬼神將通之。非鬼神之力也，精氣之極也」。意即專心靜意，反覆深思，便將獲得意想不到的成果。而這種成果的獲得，並非鬼神的力量，而是精氣發揮了最大作用的結果。這三條，就養生修心而言，作者提倡節制飲食，調和守靜，養氣育德，思慮甚爲周詳。石一參極爲歎賞，謂爲堪稱精深微妙的「內聖之功」（《管子今詮·內業》）。

以上所述，《管子》「精氣說」不但提出了「精氣」是「物之精」這一重要命題，而且試圖以此來探討物質世界的成因和人類精神現象的本原。在中國古代哲學史上，這是一個重要的貢獻。

「精氣」之外，對於通常之「氣」，《管子》作者也有論及。〈七法〉提出了「根天地之」，旨在探討天地間的元氣問題。「有氣則生，無氣則死，生者以其氣」（〈樞言〉），「氣者，身之充也」（〈心術下〉）等論斷，則明確指出「氣」是一種物質，既充塞在茫茫天地之間，又蘊涵在衆人軀體之內，已經成爲生命的基本條件。這種認識，無疑也是十分正確而可取的。

水爲萬物之本原

在《管子》的哲學思想中，最富光澤的部分，應當算是〈水地〉一文所提出的「水爲萬物之本原」的思想。

〈水地〉說：「水者，何也？萬物之本原也，諸生之宗室也，美惡、賢不肖、愚俊之所產也。」「宗室」義近「祖廟」，旨同「本原」。全句意即水是萬物的本原，是一切生命的開宗發脈之處，人中之或美，或惡，或賢，或不肖，或愚，或俊，無不由水生成。「何以知其然也？」綜理全文，可以發現作者頗爲詳審地作了闡釋。

首先，作者即說：「地者，萬物之本原，諸生之根菀也。」「菀」，通「苑」，義猶聚結。

句謂大地是「萬物之本原」，是一切生命的根基。大地何以能發揮如此巨大的作用呢？作者指出，其根本原因在於有「水」，說：「水者，地之血氣，如筋脈之通流者也。」這樣，便出現了兩個「本原」，似乎大相矛盾，但細加分析，則是完全可以理解的。「地者，萬物之本原」，是從第一層意義而言，或者說，是從直觀看問題。說「水」爲「萬物之本原」，則是從第二層意義而言，或者說，是從更深的層次來分析問題。「萬物」、「諸生」，固然離不開大地，但大地同樣離不開「水」。如果沒有這股「筋脈」中「通流」的「血氣」，大地不過是一片死土而已。應當說，這才是作者「兩個本原說」的本意。

作者繼而又說：「水者，萬物之準也，諸生之淡也，韙（原文爲『違』，形近致誤。依丁士涵說校改）非得失之質也。」「準」，指水的「至滿而止」、「至平而止」的平正特性而言，它可以作爲萬物的「準則」、依據。「淡」，指水的平淡無味的特性而言，如同是調和「五味」的「中心」一樣，也是「和成」一切生命的「中心」。「質」，指水的無色的特性而言，如同可以作爲辨識五色的「參照物」一樣，也可以作爲評斷一切是非得失的「參照物」。這番論斷，雖然略嫌牽強，但作者的本意，是欲借助水在萬物中的作用與地位作爲論據，用以論證「水爲萬物之原」這一命題。

作者進而又說：水和空氣一樣，「無不滿，無不居也」，「集於天地，而藏於萬物，產於金石，集於諸生」。「集於草木」，則「根得其度，華得其數，實得其量」；「鳥獸得之」，則

「形體肥大，羽毛豐茂，文理明著」。草木、鳥獸如此，人亦如此。「人，水也。男女精氣合，流成形也」，精氣「凝蹇而爲人」。意即尹知章所謂「陰陽交合，流成形也」，「精氣凝停，則爲人也」。水，不但生成凡人，也生成神靈之物：「龜生於水」，「爲萬物先，爲禍福正」，「龍生於水，被五色而游，故神」。同時，也生成水中精怪：如「其狀若人，其長四寸，衣黃衣，冠黃冠，戴黃蓋，乘小馬，好疾馳，以其名呼之，可使千里外一日返報」的「慶忌」；如「一頭而兩身，其形若蛇，其長八尺，以其名呼之，可使（『使』，原文爲『以』，據王念孫說校改）取魚鱉」的「蟡」。總之，草木鳥獸也好，玉石奇珍也好，凡人也好，神靈精怪也好；衆人之中，漂亮者也好，醜陋者也好，賢德者也好，不肖者也好，愚蠢者也好，俊傑者也好；萬物莫不因水而生，水無不能生成之物。作者從水爲「具材」——完備之物——的角度，再一次論證了「水爲萬物之原」的命題。

〈水地〉中的這類論述，固然尚多不甚科學、不甚縝密之處，但在《管子》時代，作者提出的「水爲萬物之本原」的命題，應當說，不僅在中國古代哲學史上，就是在世界哲學史上，也是一項傑出的創見。如果這一命題的提出可以歸屬於管仲的話，那麼，它比古希臘哲學家泰勒斯所提出的「水是原則」的論題，大約要早出一個世紀。

此外，對於其他一些頗爲重要的哲學範疇，《管子》作者也多有論及。

「理」即規矩

比如「理」，全書即曾多處涉及。〈侈靡〉說：「尊天地之理，所以論威也。」意即重視天尊地卑的規矩，目的是爲了明示君主的權威。〈四時〉說：「陰陽者，天地之大理也。」意即陰陽變化，是宇宙的根本法則。這裡所謂「理」，即是指自然界的規矩和法則。〈君臣上〉說：「別交正分之謂理，順理而不失之謂道」，意即分清上下關係，匡正君臣等級職分，這就叫做準則；依據準則行事，不發生偏差，這就叫做正道。〈心術上〉說：「故禮者，謂有理也。」意謂禮儀，說的就是指行爲要有準則。這裡所謂「理」，即是指日常社會生活的規矩和原則。〈制分〉說：「強者，所道勝也。而強未必勝也，必知勝之理，然後能勝。」〈七法〉說：「治民有器，爲兵有數，勝敵國有理，正天下有分。」這裡所謂「理」，即是指事物的規律。比如作戰，實力雄厚，只是取勝的基礎，要取得勝利，還務必懂得制勝的規律。這樣，《管子》的作者將「理」從自然界、從日常生活以及事物發展規律三個方面作了闡述，甚爲中肯而全面。

「法」即準則

比如「法」，也是「規矩」、「準則」的意思。〈七法〉中，作者列舉了治國、治軍的七項基本原則，「法」即是其中之一。說：「尺寸也，繩墨也，規矩也，衡石也，斗斛也，角量也，謂之『法』。」又說：「治民一衆，不知法不可。」如果「不明於法，而欲治民一衆，猶左書而右息之」。意謂量長短，必以尺寸，正曲直，必以繩墨；如果不懂得「規矩」、「準則」，治國、治軍便如同用左手寫字，而讓右手閒著一樣，簡直是亂來一通。而後又說：治國、治軍者「不爲愛人枉其法，故曰：法愛於人」，「制儀法，出號令，莫不響應，然後可以治民一衆矣」。這裡，「法」的涵義已經加以引申，由「規矩」、「準則」而衍爲「法令」、「法律」了。

「則」即規律

比如「則」，在《管子》中，是與「理」、「法」的意義甚爲相近的。〈七法〉說：「根天地之氣、寒暑之和、水土之性，人民、鳥獸、草木之生，物雖甚多（『甚多』原作『不甚多』，似與文意不符，據許維遹說刪『不』字），皆均有焉，而未嘗變也，謂之則。」這個「則」，意即「規律」。它有兩個顯著特點：一是「皆均有焉」，帶有普遍性；二是「未嘗變也」，具有常存性。這是從探究「天地之氣，寒暑之和，水土之性」及「人民、鳥獸、草木之生」而得出的正確認識。認識和運用這種「則」，在治國、治軍中極爲重要。「錯儀畫制，不明則不可」；如果「不明於則而欲出號令」，就好比把測時的標竿插在運轉著的陶輪上，然後高舉著陶輪而要求標竿的末梢穩定一樣，當然不可能達到預期的目的。

《管子》哲學思想的主要特徵

《管子》作者又將這類關於「理」、「法」、「則」的闡釋，全面推衍到治國、治軍的法律、號令方面而加以論述，說：「版法者，法天地之位，象四時之行，以治天下。」（〈版法解〉）「天，覆萬物，制寒暑，行日月，次星辰，天之常也。治之以理，終而復始。主，牧萬民，治天下，莅百官，主之常也。治之以法，終而復始。」（〈形勢解〉）「天不變其常，地不變其則，春夏秋冬，不更其節，古今一也。」（〈形勢〉）這些論述，或從社會生活「常則」的角度，論證法制的客觀性，或從「天常」、「地則」、「永恆」的角度，論證法制的常存性，而後歸結爲「事督乎法，法出乎權，權出乎道」（〈心術上〉），意即事物要用法律來督察，法律要根據權衡得失的原則來制定，而權衡得失又必須以「道」爲依據。從而闡明了作者既重

「道」，又重「法」，視「道」爲宇宙之大法，視「法」爲社會之大道的觀點，簡明地揭示了《管子》主張「道法並重」，提倡建常立儀的思想特徵。

《管子》雖重道、法，但並不排斥仁、義與禮，而是反覆肯定其積極作用。〈牧民〉指出：禮、義、廉、恥，爲「國之四維」，「守國之度，在飾四維」，「四維不張，國乃滅亡」。作者從維繫國家的命運、前途的高度，強調了禮、義、廉、恥的極端重要性。〈幼官〉也說：「尊賢授德，則帝；身行仁義，服忠用信，則王。」又說：君主治民需「通之以道，畜之以惠，親之以仁，養之以義」，「接之以禮」。若能如此，則「帝事成形」，帝王之業很快便能初具規模。「禮義者，人君之神也」（〈侈靡〉），「君人者制仁」（〈君臣下〉）。作者一再強調，「禮」、「義」之於君主，簡直如同神物，君主只有用「仁」爲法式、「義」爲準則，方能統一天下，成就帝王之業。

那麼，仁、義、禮與道、法之間的關係怎樣呢？〈心術上〉作了一番頗爲全面的闡釋：「虛而無形謂之道，化育萬物謂之德，君臣、父子、人間之事，謂之義，登降揖讓、貴賤有等、親疏之體，謂之禮，簡物（『物』謂萬物，意即繁多）、小大（『大』原文爲『未』，據丁士涵說校改）一道，殺僇禁誅，謂之法。」「義者，謂各處其宜也。禮者，因人之情，緣義之理，而爲之節文者也。」「事督乎法，法出乎權，權出乎道。」〈任法〉則說：「所謂仁、義、禮、樂者，皆出於法。」以上論述，旨在說明萬物稟「道」而生成之後，便各自具有其一定的形態和性質。

反映在思想意識中的待人準則，就是「仁」。體現在社會行爲中的規範，就是「義」。將各種不同事物、人事關係制度化，就是「禮」。將這類關係和制度統一起來，用政權的強力加以保證，就是「法」。而仁、義、禮、法的結合點，則是「道」，四者都是以「道」爲本體，因「道」而生發的。尊虛靜，尚變化，重道、法，容禮、義，將齊、魯之學的旨義熔鑄於一爐，這就是《管子》哲學思想的主要特徵。

由此，從哲學思想這一理論基礎的角度也足以說明，《管子》言治國之術，是既言「霸道」，亦言「王道」。石一參鑑於歷來學者多疑管氏未嘗明「王道」，曾極力推崇〈君臣下〉一文，歎爲「王言在是矣」，並且說：「管子非不能爲王道者也。說之以王言而不行，則以霸言進之。此管子用世之苦衷，而其言終不可廢也。」（《管子今詮．君臣下》）石一參這番闡釋，對於全面探討《管子》學說，是一個很有益的啟迪。

《管子》的倫理思想

禮、義、廉、恥、孝、悌、忠、信

《管子》倫理思想的內容也是非常豐富的，而且素以倡導禮、義、廉、恥、孝、悌、忠、信爲最有名。開卷篇〈牧民〉即明確指出：「國有四維。」「一曰禮，二曰義，三曰廉，四曰恥。」並認爲鞏固國家政權的法度，就在於堅持這四大綱要。

「禮」指什麼？〈五輔〉說：「上下有義，貴賤有分，長幼有等，貧富有度，凡此八者，禮之經也。」意思是說，君臣、臣民之間，上下都有禮儀；貴者賤者，各有本分；長者幼者，都守次序；貧者富者，都守法度。這些就是「禮」的常則與基本要求。

「義」是什麼？〈五輔〉說：「義有七體。七體者何？曰：孝悌慈惠，以養親戚；恭敬忠信，以事君上；中正比宜，以行禮節；整齊撙詘，以辟刑僇；纖嗇省用，以備飢饉；敦懞純固，以備禍亂；和協輯睦，以備寇戎。凡此七者，義之體也。」其意在說，用孝悌慈愛原則來對待家庭成員，用恭謹忠信的態度來事奉君上，用公正友愛來推行禮節，用端莊克制來避免犯罪，用節儉省用來防患飢荒，用敦厚樸實來預防禍亂，用團結和睦來警防敵寇。這七個方面，就是「義」的具體要求。

「廉」指什麼？「恥」指什麼？《管子》作者沒有作如同「禮」、「義」這樣的詳盡闡釋，只在〈權修〉中說道：「商賈在朝，則貨財上流；婦言人事，則賞罰不信；男女無別，則民無廉恥。貨財上流，賞罰不明，民無廉恥，而求百姓之安難，兵士之死節，不可得也。」意思是說，商賈之人在朝中掌權，賄賂之風盛行，朝廷就會義利不分；婦人干預政事，賞罰就會沒有準則；朝綱不肅整，男女無界限，上行下效，民衆也就會跟著不講廉恥。一旦政風淆亂，民風敗壞，而要求百姓爲國家甘處危難，要求士卒爲國家獻身死節，也就不可能了。這裡所謂「廉恥」，顯然是指不苟取，不苟爲的意識和情操。

唐代柳宗元曾作〈四維論〉，評述《管子》「四維」，說：「彼所謂廉者，曰不蔽惡也。世人之命廉者，曰不苟得也。所謂恥者，曰不從枉也。世人之命恥者，曰羞爲非也。然則二者果義與非歟？吾見其有二維，未見其所以爲四也。」「廉與恥，義之小節也，不得與義抗而爲維。」柳氏之議，認爲「廉」、「恥」皆從「禮」、「義」生出，無「禮」、「義」則無「廉」、「恥」，主張保有「禮」、「義」二維而已，「廉」、「恥」只是「義之小節」，不能與

「禮」、「義」相提並論。柳氏此議不無見地。《管子》論「四維」，誠然是以「禮義」作爲諸德之首，將「廉恥」與之並列，旨在強調內心境界的修養而已。

「四維」而外，《管子》還提出了孝、悌、忠、信，並認爲這就是「義」的具體內容，是由「四維」之德分育出來的。所謂「孝悌慈惠，以養親戚」，是概指對待家庭成員的倫理原則：意謂作父母的，必須「慈惠以教」；作兒女的，必須「孝悌以肅」；作兄長的，必須「寬裕以誨」；作弟弟的，必須「比順以敬」；作丈夫的，必須「敦懞以固」；作妻子的，必須「勤勉以貞」。所謂「恭敬忠信，以事君上」（以上引文，均見〈五輔〉），則是概指對待家庭以外的人的倫理原則：即對待君主，必須忠誠；對待他人，必須信實。這樣，《管子》就奠定了一個頗爲完整的倫理體系：即求之於內在意識，必須講求「禮義廉恥」；發之於外在行爲，必須衡之「孝悌忠信」。具備了這樣的意識和修養，才能算是「賢良儁才」。唯其如此，才能在任何環境中都將有「大德至仁」的表現。這就是《管子》倫理思想的最終目標。

「四維」的作用

「禮義廉恥」何以能作爲一個國家的立國精神呢？何以能作爲一個國家治理國政的四大綱要呢？〈牧民〉作了說明：「禮不踰節，義不自進，廉不蔽惡，恥不從枉。」「不踰節，則上位安；不自進，則民無巧詐；不蔽惡，則行自全；不從枉，則邪事不生。」意思很明白，人們有了「禮」的修養，就不會超越應守的行爲規範，因而君主的政權就會安穩；人們有了「義」的修養，就不會以不正當的手段和途徑謀取官位和財富，因而便不會巧施欺詐；人們有了「廉」的修養，就不會掩飾自己的惡行，品行就能端正，因而淫亂的現象便不會出現；人們有了知「恥」的修養，就不會趨從附和壞人壞事，因而禍亂的事端便不會發生。

〈五輔〉特別指出了「禮」、「義」在「四維」中的關鍵作用，說：人們「必知禮然後恭敬，恭敬然後尊讓，尊讓然後少長貴賤不相踰越，少長貴賤不相踰越，故亂不生而患不作」。強調「禮」作爲一項重要的道德規範，能使人們互相尊重，互相禮讓，幫助人們認識自己的社會位置和責任，不踰越，不推諉，處理好人與人之間的協調關係。並且反覆說明，若是舉國上下有了「禮」、「義」修養，則「爲人君者，中正而無私；爲人臣者，忠信而不黨；爲人父者，慈惠以教；爲人子者，孝悌以肅；爲人兄者，寬裕以誨；爲人弟者，比順以敬；爲人夫者，敦懞以固；爲人妻者，勸勉以貞」。君臣、父子、兄弟、夫妻各守其「義」，便能形成「下不倍（背）上，臣不殺君，賤不踰貴，少不陵長，遠不間親，新不間舊，小不加大，淫不破義」，舉國上下井然有序的良好局面。這樣，國家自然就能獲得長治久安，求得發展和進步。所以，〈牧民〉作者把「禮」、「義」、「廉」、「恥」稱爲「國之四維」，視爲國民精神的支柱，要求執政者把它作爲倫理思想的首要目標，作爲「守國之度」而加以發揚光大。並一再指出四者不可或缺，「一維絕則傾，二維絕則危，三維絕則覆，四維絕則滅」，「四維不張，國乃滅亡」，一個國家，一個民族，如果沒有一個統一而鮮明的精神支柱緊相維繫，其前途將不堪設想。

這種強調道德規範的社會作用，認爲道德教育和道德修養關係到國家的盛衰與興亡的觀點，正是《管子》倫理觀的一大特色。

評價道德行爲的原則

《管子》之言，是政治家言。其目的在於總結與探索治政之道，因而論事「就實而不誇，近民而可從」（葉適《習學記言序目・管子》）。對於道德行爲的評價，也是如此。〈明法解〉說：「明主之治也，審是非，察事情，以度量案之。合於法則行，不合於法則止。功充其言則賞，不充其言則誅。故言智能者，必見有功而後舉之；言惡敗者，必見有過而後廢之。如此，則士上通而莫之能妬，不肖者困廢而莫之能舉。故〈明法〉曰：『能不可蔽，而敗不可飾也。』」大意是說，評價是非、功過、智愚、賢與不肖，都必須「以度量案之」，都要有一個統一標準，即以客觀事實爲依據。言行一致，名實相符，則予肯定；言行不一，名實不符，則予否定；有功則予獎賞，有過則予懲罰；見賢則予升遷，見不肖則予罷黜。不單憑人「言」而定「智能」、「惡敗」，這才是「明主之治」。

依據不同地位、不同層次的對象，而採用不同的道德評價尺度，也是「就實」原則的一個體現。〈四稱〉說：「敬其山川、宗廟、社稷，及至先故之大臣，收聚以忠而大富之。因其武臣，宣用其力。聖人在前，貞廉在側。競稱於義，上下皆飾，形正明察，四時不貸，民亦不擾，五穀蕃殖。外內均和，諸侯臣服。國家安寧，不用兵革。受其幣帛，以懷其德。昭受其令，以爲法式。」其意在說，作爲國君，應當禮敬山川、宗廟、社稷，賙恤前代忠臣，鞏固武將爵位，提倡貞廉仁義，力求刑政明察，百姓無憂，外內和協，諸侯歸附，國家安寧，鄰邦友好。這就是對「有道之君」的評價標準，是關於理想的國君的道德標尺。

〈四稱〉又說：「委質爲臣，不賓事左右。君知則仕，不知則已。若有事，必圖國家，遍其發揮，循其祖德，辯其順逆，推育賢人，讒慝不作。事君有義，使下有禮，貴賤相親，若兄若弟，忠於國家，上下得體。居處則思義，語言則謀謨，動作則事，居國則富，處軍則克。臨難據事，雖死不悔。近君爲拂，遠君爲輔，義以與交，廉以與處。臨官則治，酒食則慈。不謗其君，不毀其辭。君若有過，進諫不疑，君若有憂，則臣服之。」其意在說，作爲大臣，不要去事奉國君的左右寵臣，藉以貪圖倖進。能夠得到君主起用，就在朝爲官，不能得到起用，就在野爲民。國家有急難，就一定爲國家利益著想而不遺餘力。遵循祖德，明辨順逆，推薦賢人，震懾讒慝。事奉國君有義，使用下屬有禮，貴賤相親，有如兄弟，忠於國家使上下各得其所。平時則多加思索，言談則慎重謀慮，舉事則有所建樹。治國則富，治軍則勝。臨難敢爲，雖死不悔。近在京城，是君主的輔佐，遠在邊關，也是君主的輔佐。憑義交友，依廉處事。執行公務，則盡職盡責，遇到吃喝，則毅然辭謝。不議論國君，也不隱諱意見。君主若有過錯，進諫而不遲疑；君主若有憂愁，主動出面分擔。這等於是一分「大臣守則」，是對「有道之臣」的評價標準，是關於理想的大臣的道德標尺。

概而言之，《管子》作者認爲，對於君臣而言，衡量道德的最主要的標尺是愛民無私，忠於國事。君主於民，「如天如地，何私何親？如日如月，唯君之節」（〈牧民〉），「凡君之所以有衆者，愛施之德也」（〈明法解〉），「愛民無私曰德，會民所聚曰道」（〈正〉），「路有行乞者，則相之罪也」（〈輕重己〉），闡釋君臣的倫理道德標準而歸結於「治民」、「愛民」，強調重視民衆疾苦，主張「愛民無私」，這正是《管子》治政則「以民爲本」、論事則「就實而不誇」的鮮明觀點的體現。

「大德至仁」爲道德修養最高境界

《管子》作者闡釋道德，堅持把「仁」視爲最高尚、最博大的境界，認爲「仁從中出」（〈戒〉），是發於內心的自覺；「仁」，就是「無私」，就是「愛施」。唯其如此，「不以天下爲利」（〈戒〉）。因而「仁」也是對執政者的道德水準的最關鍵的要求。「人以德使」(〈樞言〉),「大德不至仁,不可以授國柄」(〈立政〉);「德利百姓」,方可以「威振四海」,「霸王之形,德義勝之」(〈霸言〉)。沒有「愛民無私」的德行,就沒有資格執政;沒有民衆擁護,就不可能成就霸王之業。這就是《管子》作者論述倫理觀念的高明、進步之處。

選拔官吏,以德爲首

《管子》思想中的執政意識十分濃烈,因而在舉拔官吏、選用人才,處理其德、才關係時,堅持從治國、安民、王天下的功利原則出發,把「德」放在首要地位。〈任法〉說:聖君「任公而不任私」。〈正〉說:「廢私立公,能舉人乎?」就是說,執政者能將「廢私立公」的原則,切實運用到拔舉賢才方面來麼?「舉人無私,臣德咸道」,如果舉拔人才眞正能夠做到「廢私立公」,從國家利益出發,而不任人唯親,其「用臣之道」必將受到國人稱頌。很明顯,這裡所說的「公」,就是指君主的利益、朝廷的利益,也就是當時所謂「國家利益」。能把君主的利益、朝廷的利益、「國家」的利益放在第一位,而拋開一己之私利私欲,就是爲臣有「德」。這個標尺,也是很實在的。

〈立政〉說:「德不當其位」,是君主所必須明察、處理的重大問題。「德厚而位卑者謂之過，德薄而位尊者謂之失」，如果一時無法求得「德」、「位」相稱，則「寧過於君子，而毋失於小人。過於君子，其爲怨淺；失於小人，其爲禍深」。「故國有德義未明於朝者，則不可加於尊位」。這種選拔和使用執政人才，將「德」放在首位，即把政治思想素質放在首位的指導思想，至今仍有借鑑意義。

治國必須道德與法制並重

《管子》作者主張「治國重以德」，但並沒有把「德治」作用強調到「萬能」的程度，而是明確提出道德應與法制並重，「德治」宜與「法治」並行不悖，互爲補充。〈明法解〉說：「法度者，主之所以制天下而禁姦邪也，所以牧領海內而奉宗廟也。」「凡人主莫不欲其民之用也。使民用者，必法立而令行也。故治國使衆莫如法，禁淫止暴莫如刑。故貧者非不欲奪富者財也，然而不敢者，法不使也。強者非不能暴虐也，然而不敢者，畏法誅也。故百吏之事，案之以法，則姦不生。暴慢之人，誅之以刑，則禍不起。群臣並進，筴之以數，則私無所立。故〈明法〉曰：『動無非法者，所以禁過而外私也。』」就是說，法制之所以能夠「治國使衆」，就在於它界限分明，具有儆懾力量，具有「禁姦邪」、「止淫暴」、「禁過而外私」的作用，使百官不敢爲姦，群臣不敢立私，暴慢之徒不敢生禍。也正因爲「法治」是這樣一種強制性的措施，所以，對於形成、鞏固長治久安的局面而言，具有其重要而無可替代的作用。

但僅有「法治」，也不夠用。「法治」只能禁限人們的行爲，不能征服人們的心靈。「刑罰不足以畏其意，殺戮不足以服其心。故刑罰繁而意不恐，則令不行矣；殺戮重而心不服，則上位危矣」（〈牧民〉）。「法治」與「德治」是互相關聯，同等重要的兩項措施。所謂「仁義禮樂者，皆出於法」，「群臣不用禮義教訓，則不祥；百官服事者離法而治，則不祥」（〈任法〉），其意即爲「仁義禮樂」的推行，有賴於「法治」爲保障；「法治」的施行，必須借助於「德治」手段爲補充。只有二者緊密結合，並行不悖，才有可能實現天下大治，長治久安。

道德教化，重在規範誘導，善於垂範，貴在眼高手勤，堅持不懈

《管子》作者談倫理修養，也是實實在在，不作空洞說教，不作脫離實際的要求，而是既承認作爲單個的「人」的自發要求，又強調作爲社會的「人」，需要改造和提高。〈禁藏〉說：「夫凡人之情，見利莫能勿就，見害莫能勿避。其商人通賈，倍道兼行，夜以續日，千里而不遠者，利在前也。漁人之入海，海深萬仞，就彼逆流，乘危百里，宿夜不出者，利在水也。故

利之所在，雖千仞之山，無所不上；深源（『源』，當爲『淵』）之下，無所不入焉。」這是以商賈與漁夫爲利，說明「趨利避害」是人所共同的自發要求。「得所欲則樂，逢所惡則憂」，是「貴賤之所同也」。不但百姓如此，人臣百官也是如此。「人臣之行理奉命者，非以愛主也，且以就利而避害也。百官之奉法無姦者，非以愛主也，欲以愛爵祿而避罰也」（〈明法解〉）。所以，君主治理民衆也好，治理百官也好，都應該依據人們「趨利避害」的心理，採用「予之爲取」的功利原則，「兼愛以親之」，因勢利導，加以規範。「凡衆者，愛之則親，利之則至。是故明君設利以致之，明愛以親之。徒利而不愛，則衆至而不親。徒愛而不利，則衆親而不至。愛施俱行，則說君臣，說朋友，說兄弟，說父子」（〈版法解〉）。這就是說，君主欲以禮、義、廉、恥、孝、悌、忠、信等倫理規範訓導臣民，欲「正君臣上下之義，飾父子、兄弟、夫妻之義，飾男女之別，別疏數之差」，欲使「臣忠、父慈、子孝、兄愛、弟敬，禮義章明」（〈版法解〉），如果不向臣民示以利害，僅憑空頭說教，是難以奏效的。必須採取順應民欲的功利措施，以必要的物質手段爲後盾，方能有效地發揮倫理教化的誘導作用。〈牧民〉所提出的「倉廩實則知禮節，衣食足則知榮辱」的著名論斷，正是這一認識的最深刻而精鍊的概括。

這就是說，《管子》作者論倫理修養，一方面，要求君主「審察事理，愼觀終始，爲必知其所以成」（〈版法解〉），順應民欲，「愛之利之，益之安之」（〈樞言〉）；另一方面，又明確提出「節欲之道，萬物不害」（〈內業〉），主張節制私欲，要求君主「明教順以道之」（〈版法解〉）。作者認爲，「欲」、「惡」之情，雖然人皆有之，但必須有個規範，要「惡不失其理，欲不過其情」（〈心術上〉），要受「公理人情」的制約，要受「禮義」的支配。〈白心〉說：「非吾儀，雖利不爲；非吾常（『常』，原文爲『當』，據王念孫說校改），雖利不行；非吾道，雖利不取。」這裡所說的「儀」，是指準則；「常」，是指常規；「道」，是指正道。如果不合準則，不合常規，不合正道，雖於一己有利，也不能「爲」，不能「行」，不能「取」。這就需要自我抑制，絕不能放縱。「從（縱）則妄行，男女無別，反於禽獸。然則禮義廉恥不立，人君無以自守也。故曰：『全生之說勝，則廉恥不立。』」（〈立政・九敗解〉）這裡，作者明確指出，不能讓一心想保全個人生命而不肯爲國家效力的極端利己的主張占上風。這種主張一旦占了上風，污染了人們的靈魂，人們就將走向個人享樂主義和縱欲主義，葬送自身，危害國家，擾亂社會。

自我抑制，需要覺悟。如何啟發人們的這種覺悟呢？〈權修〉說：「厚愛利，足以親之；明智禮，足以教之；上身服以先之，審度量以閑之，鄉置師以說道之，然後申之以憲令，勸之以慶賞，振之以刑罰，故百姓皆說爲善。」其意在說，運用愛施、教化、示範、誘導、獎賞、刑罰等多種措施，啟發百姓的樂於「爲善」之心，而後便從具體細微處入手，做切實有力的工作。正如〈權修〉所說：「凡牧民者，欲民之正也。欲民之正，則微邪不可不禁也。微邪者，大邪之所生也。微邪不禁，而求大邪之無傷國，不可得也。凡牧民者，欲民之有禮也。欲民之有禮，則小禮不可不謹也。小禮不謹於國，而求百姓之行大禮，不可得也。凡牧民者，欲民之有義也。欲民之有義，則小義不可不行。小義不行於國，而求百姓之行大義，不可得也。凡牧民者，欲民之有廉也。欲民之有廉，則小廉不可不修也。小廉不修於國，而求百姓之行大廉，不可得也。凡牧民者，欲民之有恥也。欲民之有恥，則小恥不可不飾也。小恥不飾於國，而求百姓之行大恥，不可得也。」大由小積，性緣習成。執政者欲求民衆具有禮、義、廉、恥「四維」之大德，必須誘導民衆從「修小禮，行小義，飾小廉，謹小恥，禁微邪」做起，「此厲民之道也」。

〈權修〉作者如此詳盡地加以闡釋，旨在告訴我們：倫理教化工作，是一篇大文章。要作好這篇文章，必須要有耐心，堅持不懈，紮紮實實，從小處著手，方可期收漸進之效。但另一方面，又需有大目標，從大處著眼，不滿足，不停頓，方可進入最高境界。《管子》明確指出：「愛民無私曰德。」（〈正〉）執政者要以「任公不任私」（〈任法〉）作爲治國原則。唯其如此，方可達到「天下治」的目標。君主如果不明公私之辨，「舍公而好私」，「群臣百姓人慮利害，而以其私心舉措」，勢將造成道德淪喪，「離法而妄行」（〈任法〉）的混亂局面。《管子》作者認爲：「無以物亂官，毋以官亂心，此之謂內德。」（〈心術下〉）努力修養「內德」，使人們在私利、物欲面前，能作到不迷眼目，不亂方寸，這就是倫理教化的主要目的。「廢私立公」（〈正〉），「見利不誘，見害不懼，寬舒而仁，獨樂其身」（〈內業〉），這就是人們所應追求的高尚的道德境界。研究倫理思想，如何引導人們在個人得失利害面前，能保持高尚的情操呢？《管子》此議，可謂有益的啟示。

《管子》的教育思想

興辦教育，是百年大計，目的在於「樹人」

《管子》對於教育問題的論述，相對於政治、經濟諸問題而言，比較簡略。而且除了一篇〈弟子職〉之外，其餘都甚爲零散。雖然如此，但仍不乏深刻、精闢之處。

〈權修〉說：「一年之計，莫如樹穀；十年之計，莫如樹木；終身之計，莫如樹人。」又說：「凡牧民者，使士無邪行，女無淫事。士無邪行，教也；女無淫事，訓也。教訓成俗而刑罰省，數也。」這裡，作者明確指出，法律和道德，是人類社會的兩大支柱，法治和教育，是治理國政的兩大重要措施。要鞏固政權，要維護社會的正常秩序，單靠法治是不夠的，還必須發揮教育這一特殊手段的作用。教育民衆，提高民衆的素質，是百年大計，是治政之「本」。「教訓成俗」，民衆素質提高，法制觀念必將增強，「刑罰」必將減省，這是一條「定數」，是一條普遍規律。因而，辦好教育，是「一樹百穫」的美事。

就執政者對於民衆而言，教育的主要目的是什麼呢？〈立政〉說得至爲明白，「期而致，使而往，百姓舍己以上爲心者，教之所期也」。徵召即能到來，派遣則能前往，一旦朝廷需要，百姓便能置一己於度外，而以君主、朝廷、國家之心爲心，聽從指揮，一心報國。教化所期望的結果，就在於此。

就君主對於臣下而言，教育的主要目的是什麼呢？〈立政〉也說得很明白：使「授國柄」者「大德至仁」，使「與尊位」者「見賢能讓」，使「主兵」者「罰不避親貴」，使「與都邑」者「好本事，務地利，重賦斂」。唯其如此，才能「操國得衆」，「大臣和同」，「威行於鄰敵」，「民懷其產業」。「一人服之，萬人從之，訓之所期也」。君主「一唱」，臣吏「百和」，教化所期望的結果，就在於此。

此外，培養一大批科學技術方面的專門人才，同樣也是「教之所期也」。對於這類專門人才，〈山權數〉曾提出了具體的獎勵措施：凡是對於農事極爲精通的，善於蓄育六畜的，善於種植樹木的，善於培育瓜瓠、蔬菜、百果，並使其生長繁茂的，善於爲人治病的，通曉天時、能預言年成好壞、穀物豐歉的，能精通養蠶種桑、使蠶桑無病害的，一律獎給「值糧八石」的「黃金一斤」。凡是懂《詩》而善於記述人物言論的，懂「時」而善於展望年景豐歉的，懂「春秋」而善於總結國事成敗，懂「祭祀」而善於指導人們趨利避害的，懂「卜筮」而善於預測吉凶禍福的，一律獎給一匹馬所能翻耕的田地，一斤金所能買到的衣服。很明顯，作者提出這些措施，旨在倡導發現並優待專門人才，使他們獻出並傳授知識、技能，積極爲發展社會生產和治理國政出力。這種重視科學技術的觀點，正是《管子》教育思想的一個顯著特色。比之於孔子斥樊遲問稼穡園圃爲「小人」之舉，也是一個十分可喜的進步。

興辦教育事業的大旨在於「樹人」。「樹」什麼人？《管子》的作者主張要「樹」明禮義、知榮辱的賢人，要「樹」善於治民、治軍、理財的能人。

〈牧民〉說：國有「四維」，即禮義廉恥。人們懂得了禮義廉恥，並以此作爲自身的準則而行之有素，那麼，行爲舉止就不會超越社會規範，在爵祿名利面前，就不會百般鑽營，有了過錯，就不會極力掩飾，遇到邪惡現象，就不會盲從附和。而這番覺悟的獲得，主要靠宣傳、灌輸。辦好了教育、灌輸，造就了明禮義、知廉恥的賢人，養成了明禮義、知廉恥的風尚，國家就有可能長治久安。

〈小問〉說：凡牧民者，民貧，則必察知其疾苦，「而憂之以德，勿懼以罪，勿止以力」，藉以安撫民心而不激發矛盾；民富，則必「敬之以禮樂，以振其淫」，防止其爲富不仁，佚樂無度，敗壞社會風氣。〈地圖〉說：凡統兵將衆者，必精於「繕器械，選練士，爲教服，連什伍，遍知天下，審御機數」，善於知己知彼，審時度勢。〈國蓄〉、〈山權數〉說：凡理財者，必須「通於輕重」之術，善於制定政策措施來掌管國家財政，必須及時「調通民利」，善於通過經濟調控手段，來實現國家經濟秩序穩定，必須運用「教數」，即通過培訓手段來傳授科學知識和專門技能，藉以促進生產的發展，爲繁榮國民經濟而廣闢財源。而這些人才的產生，主要也是靠教育、培養。辦好了教育、培養這個環節，造就了一大批善於治民、治軍、理財的能人，養成了尊重知識、尊重人才的社會風尚，國家便有可能氣盛兵強。

「聖王之教民也，以仁錯之，以恥使之，修其能，致其所成而止」（〈法禁〉）。用仁義來武裝，用廉恥來激勵，用才華來充實，使受教育者全面提高品德和才能，這就是《管子》作者所提出的施教樹人的總方針。

「樹人」的三項有效措施

如何「樹人」？通覽全書，《管子》作者提出了三大措施：

一、是政策誘導。〈五輔〉說得好：「得人之道，莫如利之；利之之道，莫如教之以政。」用政策、政績、政風來教育民衆，是最有說服力，最起作用的措施。如果「選賢遂材也，舉德以就列，不類無德；舉能以就官，不類無能。以德弇勞，不以年傷」（〈君臣下〉），論功行賞、不分貴賤，即施行任人唯賢而不唯親，視德譽爲重而不論資排輩，賞功不但及於執法有功之臣、師旅有勞之將、治理有方之吏，而且施及農耕、樹藝、卜易、百工之徒而不計身分尊卑的政策；

如果「陳力尚賢，以勸民智」（〈小匡〉），提倡奉獻才力而尊崇賢士，激勵人們追求知識，尊重人才；那麼，這種政策導向，就是最簡明、最生動的教科書，必將對整個國家的社會風氣產生無可言喻的良好影響。

二、是興辦學校。這既是培養人才的重要措施和主要途徑，也是造福社會、造福民衆的「積德」之舉。管子時代的齊國，很重視辦學，鄉里都有「士舍」。「士舍」，就是學校。〈八觀〉說：「入州里，觀習俗」，如果「里無士舍」，就被視爲「亂國之象」。欲辦好學校，主要靠教師，齊國很注重選拔教師。〈小匡〉說：「鄉建賢士，使教於國，則民有禮矣。」這種州里普遍辦學，而且注重選拔教師的舉措，管仲曾譽爲「愛民之道」。

當時學校教育的具體情況，〈弟子職〉曾作了頗爲詳盡的記載。這是我國古代一部內容最全面、篇章最完整、記述最明晰、年代最久遠的學校教育史料。全文共計九章，首章所述，是要求學生恭謹虛心，認眞學習，見善則從，「聞義則服」；「溫柔孝悌」，不恃勇力，心志不可虛邪，品行必須正直；交游要有常則，必須親近君子；舉止亟宜端莊，思慮必合規範。早起遲眠，衣冠務必整齊；朝學暮習，心思務必專一。全章兼議學業與德行，言簡意賅，形同總則。其餘八章，則分言早作執事、受業、應客、侍食、就餐、灑掃、執燭、服侍先生寢息及溫習功課等項規則，都是具體要求。諸如童子受業、事師、交友之規，無不詳備。就全文而言，雖其主要篇幅只是記述校規學則，但其中關於進德修業、尊師重道、寓教於行、使習與性成之類的教育觀點與教學方法，至今仍可借鑑。

三、是優化社會環境。人人都是生活在一定的社會環境之中。近朱者赤，近墨者黑，周圍環境與風氣的好壞，對人的影響很大，對青少年的影響尤其明顯。從某種意義而言，環境就是學校，風氣就是教師，執政者的政策和行爲就是教材。《管子》作者提出「教訓成俗」，即通過引導、教育，造成良好的環境和風氣，亦即「先行順教，萬民鄉風」（〈版法〉），這是很有見地的。

「萬民鄉風」的條件之一，是「先行順教」，即正面啟發，有人領頭，垂範導向。〈牧民〉說：「御民之轡，在上之所貴；道民之門，在上之所先；召民之路，在上之所好惡。」君主與各級官員如果能夠「立儀以自正」（〈法法〉），以身垂範，顯示出一種優良作風，對全國民衆就會有良好的引導作用。正如〈戒〉篇所說：「以善養人者，未有不服人者也。」的確，執政者如果用正確的政策和自身的模範行爲來教育人們，沒有不使人心悅誠服的。

「萬民鄉風」的條件之二，是互相感染，互相模仿。〈小匡〉說：「士農工商四民者，國之石民也，不可使雜處。雜處則其言咙，其事亂。是故聖王之處士，必於閒燕，處農必就田墅，處工必就官府，處商必就市。今夫士，群萃而州處，閒燕則父與父言義，子與子言孝，其事君者言敬，長者言愛，幼者言弟。旦昔從事於此，以教其子弟，少而習焉，其心安焉，不見異物而遷焉。是故其父兄之教，不肅而成；其子弟之學，不勞而能。」其餘農、工、商三民，亦復如此。由於群居相聚，便於切磋研討，日日耳濡目染，所在自然成習，導向作用也就更加強烈而深入。

教者可以不嚴厲而見成效，學者可以不勞苦而甚有得，效果是最爲理想的。當然，「萬民鄉風」，樂於從善這一局面的形成，也還需要有一個漸進的過程，即〈七法〉所謂：「漸也，順也，靡也，久也，服也，習也，謂之『化』。」在這個漸進過程之中，人們將被潛移默化。一旦水到渠成，「教訓成習者衆，則民化變而不自知也」（〈八觀〉）。正如尹知章作注時所說：「習俗而善，不知善之爲善，猶入芝蘭之室，不知芳之爲芳也。」

「萬民鄉風」的條件之三，是法令嚴明，賞罰公正。行善者得賞，爲惡者遭罰，既有正面典範，又有反面教員，孰可孰否，瞭然分明。〈宙合〉說：「章道以教，明法以期，民之興善也如化。」「道」和「法」，都是施教的重要內容。前者是從正面引導，提倡行善；後者是反面儆戒，反對爲惡。彰明大道而教育人們，嚴格法禁而加以約束，民衆從善避惡就能成爲風尚。〈樞言〉說：「賞罰明，則德之至者也。」作者將嚴明賞罰譽爲「德政」的最高體現，正是高度肯定這種措施的鮮明的導向作用。

教育事業的興旺，有賴於經濟的發展

但無論政策導向也好，興辦學校也好，優化環境也好，要使教育能發揮其自身的作用，必須有賴於經濟發展作爲基礎。「倉廩實，則知禮節；衣食足，則知榮辱」（〈牧民〉），這已成爲千古名言，也正是《管子》「富國易治」(〈治國〉)論的最好注腳。對於這個著名的論斷，韓非在〈五蠹〉中論述得頗爲明確：「飢歲之春，幼弟不餉；穰歲之秋，疏食必食。」王充《論衡·治期》中也有一段相當精闢的解說：「夫飢寒並至，而能無爲非者寡；然則温飽並至，而能不爲善者希。《傳》曰：『倉廩實，民知禮節；衣食足，民知榮辱。』讓，生於有餘；爭，起於不足。穀足食多，禮義之心生；禮豐義重，平安之基立矣。故飢歲之春，不食親戚；穰歲之秋，召集四鄰。不食親戚，惡行也；召集四鄰，善義也。爲善惡之行，不在人之性，在於歲之飢穰。」《管子》的論斷和韓非、王充的解說，在中國思想史上，第一次明確而深刻地揭示了這樣一條眞理：即人們的思想意識和文化教育活動，必然要受經濟生活的制約。一方面，教育事業的發展必須以經濟實力爲基礎；另一方面，經濟治國方針的實施又必須有賴於「教數」，亦即有賴於教育和科技這一手段發揮其特殊作用：這就是《管子》作者闡釋教育與經濟二者關係的全面而深刻之處。

教育有其自身的特點

此外，無論政策誘導也罷，學校造就也罷，環境陶冶也罷，施教樹人作爲一項治國措施而言，顯然還有其自身的、任何別的手段所不能替代的特點。

〈七法〉說：「變俗易教，不知『化』不可。」意即欲普遍提高受教育者的素質，進而變更習俗，改造風氣，非明瞭教育、轉化工作的特點不可。這項工作的「特點」是什麼呢？〈七法〉概括了六點：一曰「漸」，意即有個逐步發展的過程，必須循序漸進；二曰「順」，意即要從受教育者的實際情況出發，不宜越俎代庖；三曰「靡」，「靡」通「摩」，寓含愛撫之意。意即施教是積德之舉，需有愛心；四曰「久」，意即要有耐心，不能急躁，教育、轉化是個「滴水」功夫，水滴經年，而後石穿；五曰「服」，意即受教育者有個適應過程，施教者要能寬容、等待；六曰「習」，教訓成習，習成自然。「自然」，才是施教、轉化的理想境界。總之，逐步接近，適當隨順，熱情愛撫，耐心等待，導其適應，促其習慣，這個全過程就稱爲「化」。堅定的目標、明確的目的、漸進的轉化形式，則是貫串這個全過程的最基本的特徵。

〈幼官〉說：「教行於鈔。」「勸勉以遷衆。」鈔，通「眇」，寓含精微之意。意即教育手段欲發揮作用，有賴於精微、細緻的工作，必須借助啟發誘導、正面激勵的方式，推動受教育向預期的進步的方面轉化。「諭教者取辟焉」（〈宙合〉），教育者必須博聞強識，教法靈活，根據受教育者的長處、才華、能力、基礎，善作比方，多方啟發，使之日有進益，漸見成就。粗心浮躁，急功近利，強制禁限，都是無濟於事的。

施教轉化工作，是一項極富創造性的勞動，是一種藝術。對此，〈侈靡〉中有一段極爲精妙的描述：

夫政教相似而殊方。若夫教者，摽然若秋雲之遠，動人心之悲；藹然若夏之靜雲，乃及人之體；䆗然若皜月之靜，動人意以怨；蕩蕩若流水，使人思之，人所生往。教之始也，身必備之，辟之若秋雲之始見，賢者不肖者化焉。敬而待之，愛而使之，若樊神山祭之。賢者少，不肖者多，使其賢，不肖惡得不化？

這段文字非常精彩，十分形象地說明了教育的作用在於引導人們追求賢，追求善，追求美。要旨是感化受教育者，使之潛移默化。教育的過程，就好像秋雲高颺遠翥，能夠激起人們的沈思；又好像夏雨含雲，清涼滋潤，能夠浸及人們的肌膚；深幽得勝似皓月的靜謐，能夠觸發人們的怨慕；暢悠悠有如涓涓流水，引人遐思，令人神往。教育欲發揮其獨特作用，其首要因素，必須是在上位者、施教者能夠率先垂範，好比秋雲初現，讓賢者和不肖者都能「化變而不自知」。人皆有向善、愛美、求賢之心，高山仰止，景行行止，適時啟發誘導，不肖者焉能不化？這段富有詩意的論述文字，眞個把教育工作自身的「隨風潛入夜，潤物細無聲」的這一特點，形容得淋漓盡致。

《管子》的政治思想

人民大衆是歷史的創造者，是推動歷史前進的動力。在春秋戰國這個王室衰微、諸侯力政、社會處於急遽變革的時期，民衆的威力已經相當充分地展現在治政者的面前。《管子》作者的高明之處就在於不但清楚地看到了這種威力，而且對民衆在現實變革中的重大作用給予了高度的評價。〈霸形〉說：「齊國之百姓，公之本也。」〈霸言〉說：「夫霸王之所始也，以人爲本。」〈五輔〉說：「人之不可不務也，此天之極也。」這裡，作者明確地提出了三個重要命題：一、齊國的百姓，是齊桓公爭霸的根本；二、推動霸王事業的發展，就人與物兩個方面來說，人的因素是根本；三、重視人的作用，不但是爲現實需要所決定，而且完全符合最高「天道」原則。這樣，作者就從實踐和理論兩個方面提出了治政必須「以民爲本」的正確原則。

治政必須「以民爲本」

爲什麼治政必須「以民爲本」呢？

首先，管仲是掌管齊國政務的實幹家，爲了幫助桓公成就霸業，十分重視生產活動和民衆的物質生活。闡釋管仲主張的《管子》的作者對此甚爲理解，一再明確指出：「國多財則遠者來，地闢舉則民留處。」（〈牧民〉）這兩句話，說得很明白：欲求遠方親附，民衆留處，必須地闢國富，經濟實力雄厚。「富國多粟，生於農」，「民事農則田墾，田墾則粟多，粟多則國富」（〈治國〉），發展農業生產，多多積累糧食，才是立國爲政的根本。而發展農業生產，前提是開闢耕地，決定的因素則是要有從事生產活動的勞動力。因而《管子》的民本思想是和「地本」、「粟本」思想結合在一起的。

更爲可貴的是，《管子》所說的「民」不僅僅是指「農民」，而且包括士和工、商之民。〈小匡〉說：「士、農、工、商，國之石民也。」《管子》重農而不輕視士與工、商，認爲從事文化、政治，及軍事等活動的知識分子，製造舟車器物的手工業者，溝通天下財貨的商賈，和生產糧食的農民一樣，各有各的作用，互爲補充，不可或缺，都是建設國家的柱石之民，都是國家的根本力量。這種既著重於經濟生活中的重大作用，又不局限於一隅的全面觀點，是非常高明的。《管子》的作者之所以視民爲本，似乎察覺到了人民大衆既是社會物質財富的創造者，又是社會精神財富的創造者這一樸素的眞理。

其次，《管子》的作者認爲，人民大衆是政權得失、國家治亂的根本。〈五輔〉說：「古之聖王，所以取名廣譽，厚功大業，顯於天下，不忘於後世，非得人者，未之嘗聞。暴王之所以失國家，危社稷，滅於天下，非失人者，未之嘗聞。」這是借鑑歷史經驗所得出的認識：大凡功業宏偉，聲譽隆盛，名揚天下，功顯後世的君主，都是因爲得到了民衆的擁護；相反，國家破亡、身敗名裂的君主，無不都是遭到了民衆的叛離。「夫爭天下者，必先爭人。明大數者得人，審小計者失人。得天下之衆者王，得其半者霸」。這是認眞觀察現實所得到的認識：爭奪天下的「大數」——要訣，就在於爭奪民力，爭奪人才，爭奪民心。能得到全體民衆擁護的君主，可以統一天下；能得到半數民衆擁護的君主，可以成就霸業；衆叛親離的君主，則必然國亡身死。列國紛爭，諸侯兼併的嚴峻現實，告訴有爲之君一條簡單明白的道理：民衆的力量是爭奪霸主、統一天下的資本和憑藉。

再次，《管子》的作者又認爲，執政者不但應該十分重視民力，而且必須十分注重民心。〈五輔〉說「明王之務」，在於使民親近；「善爲政者」，在於求得「上下和同」，「民和輯，則功名立矣」。〈牧民〉說得更爲精要：「政之所興，在順民心；政之所廢，在逆民心。」得民的關鍵在於獲得民衆的眞心實意的擁護，民心向背，可以決定政權興廢。得民心者昌，失民心者亡。民心雖然可以因一時著魔而受欺騙，但終究不可辱侮。這也是一條簡明淺顯的眞理。執政者務必明識執政的依靠與歸宿，「善託業於民」，能「歸之於民」（〈乘馬〉）；明察民心向背，施政順乎民心，「民惡憂勞，我佚樂之；民惡貧賤，我富貴之；民惡危墜，我存安之；民惡滅絕，我生育之」。唯其如此，施政才能得到預期效果：「能佚樂之，則民爲之憂勞；能富貴之，則民爲之貧賤；能存安之，則民爲之危墜；能生育之，則民爲之滅絕。」作者說得很明白，「順民心」就是順其「四欲」，「逆民心」就是行其「四惡」。從民「四欲」，便可使民衆竭誠效力；行民「四惡」，民衆便將群起而背之，使得統治者衆叛民離。紂王之所以弄得「大臣不親，小民疾之」，就是因其「勞民力，奪民財，危民死」（〈形勢解〉），使得百姓無法「佚樂」、「富貴」、「存安」、「生育」所致。總之，得失天下之道，全在於得失民心。《管子》的作者能夠看到民心向背在社會政治生活中的巨大作用，這種眼光確實是難能可貴的。

此外，《管子》的作者還認爲，君主在處理與民衆的關係時，應當「愛民」，而不應當「勝民」。所謂「愛民」，其實際涵義就是把「人」當作「人」，讓民衆能夠休息、溫飽、安定、繁育，使之受到感化。所謂「勝民」，就是執政者憑藉嚴刑峻法，實行高壓政策，迫使民衆畏服。霸天下「始於愛民」（〈小匡〉），執政者必須「慈愛百姓」（〈中匡〉）。君主「莅民如父母，則民親愛之」；君主「莅民如仇讎，則民疏之」。「人主能安其民，則事其主如事其父母」；「主視民如土，則民不爲用」（〈形勢解〉）。在作者看來，欲處理好君主與民衆的關係，關鍵在於君主，民衆的態度將視君主的態度爲轉移。民衆並非要絕對聽憑君主的任意擺布，君主處置民衆也並非可以爲所欲爲。君主如果愛護民衆，民衆事奉君主便將如同事奉父母；君主如果視民如仇讎，視民如糞土，民衆便將疏遠君主，不爲君主賣命。總之，統治者必須正視民衆的力量，必須懂得「予之爲取」這個治政「法寶」。只有順應民心，給予民衆以必要的物質利益和起碼的人格尊重，才能獲得民衆的支持並願意爲之盡心效力。倘若一味威壓，暴斂橫徵，不但「刑罰不足以畏其意，殺戮不足以服其心」，反而會弄得「令不行」而「上位危矣」（〈牧民〉）。另一方面，取用民財民力，也必須「有度」、「有止」，因爲「地之生財有時，民之用力有倦」，「取於民有度，用之有止，國雖小必安；取於民無度，用之無止，國雖大必危」（〈權修〉），勢將造成民窮、兵弱、國亡的嚴重後果。因而君主絕對不應爲了滿足一己的無窮之欲，貿然採取竭澤而漁、逼民於絕路，從而啟民怨而興禍亂的愚蠢辦法。

概而言之，《管子》關於「民本」問題的議論是頗爲深刻而新穎的。與孟子的「民貴君輕」、賈誼的「民無不爲本」、黃宗羲的「民主君客」、王夫之的「民心之大同」等見解，在我國歷史發展的過程中，呈現出了後先輝映的光芒，同時也構成了中國古代歷史觀中最富有特色的一部分。

行政必須堅持君主集權

從某種意義上說，政治，就是管理國事，就是行使權力。由誰行使權力，如何行使權力，這是治政理民中的一個核心問題。《管子》十分強調君主集權，認爲立法、決策及人事任免諸權，君主尤須專擅獨攬，絕對不可落入「博學」而不「和同聽令」的姦雄之手，務必杜絕「列法」、「分威」之弊。爲了引起君主的警覺，〈法禁〉一文根據古代政治生活中的具體事例，列舉了十八項「聖王之禁」，把姦雄擅權、朋黨爲害以及各種毀法、畔禁的行爲、手段、心理，作了詳盡的剖析，將衆多險惡行徑暴露在光天化日之下。〈霸言〉謂「夫爭強之國，必先爭謀、爭刑、爭權」，把掌握事權與愼於謀畫、駕馭形勢同樣視爲治國利器和爭強之本，加以強調，目的同樣在於告誡君主，專制之權不可須臾旁落。〈立政〉一文則從正面具體詳盡地論述了君主行使賞罰，制定、頒布法律政令所宜遵行的制度：「孟春之朝，君自聽朝，論爵賞校官。」「季冬之夕，君自聽朝，論罰罪刑殺。」「正月之朔，百吏在朝，君乃出令布憲於國。五鄉之師、五屬大夫皆受憲於太史。大朝之日，五鄉之師、五屬大夫皆身習憲於君前。太史既布憲，入籍於太府，憲籍分於君前。」出令、布憲、受憲、習憲，朝廷施行如此嚴密的程式，目的就在保證法出於一孔，令發於一型，不致中途增損異樣而有失君主威嚴。

而後，五鄉之師、五屬大夫，都得立即出朝，返歸屬地，將憲令逐級傳達到鄉官、鄉屬、游宗，一直發布到民衆之中。傳達必須火速，五鄉之師、五屬大夫，中途「不敢就舍」，「就舍謂之留令，罪死不赦」。憲令不得藉故不行，「有不行憲者，謂之不從令，罪死不赦」。行憲不得肆意增損，「考憲而有不合於太府之籍者，侈曰專制，不足曰虧令，罪死不赦」。傳達憲令而採取如此嚴格的措施，目的也在於藉以保證憲令須行的權威性、準確性和及時度。這正是君主集權強而有力的具體體現。

欲使君令暢行，必須有一個完整有效的行政體系。「萬乘之國，兵不可以無主」，「百姓殷衆，官不可以無長」（〈權修〉）。「主」，是指軍中統帥，「長」，是指朝廷輔相；二者在國君統領之下，分理軍政大權。至於地方鄉里，則須按行政區劃設置官吏。「土地博大，野不可以無吏」（〈權修〉），「分國以爲五鄉，鄉爲之師。分鄉以爲五州，州爲之長。分州以爲十里，里爲之尉。分里以爲十游，游爲之宗。十家爲什，五家爲伍，什伍皆有長焉」（〈立政〉）。從中央朝廷到地方鄉里，建立這樣一個較爲嚴密的行政管理系統，此無他，目的也全在於加強君主集權。

施政必須任用賢能

治政固然需要完善的法令、制度，但有了完善的法令、制度之後，還必須要有素質良好的官員來實施。施政在於得人，「備長在乎任賢」（〈版法〉），「錯國於不傾之地者，授有德也」（〈牧民〉）。因此，朝必「貴經臣」，選拔人才，「收天下之豪傑，有天下之駿雄」（〈七法〉），是治政的一個十分重要的問題。在這方面，《管子》的作者不但看到了「道術德行，出於賢人」（〈君臣下〉），認識到了賢才對於社會的作用遠遠超出於常人之上，而且明確提出了選賢任能的原則，指出國君在人事任免方面必須持審愼的態度，務必使臣下的德義與其爵位相稱，功績與其俸祿相稱，才能與其官職相稱。「大德不至仁，不可以授國柄」，「見賢不能讓，不可與尊位」，「罰避親貴，不可使主兵」，「不好本事（農業生產），不務地利，而輕賦斂，不可與都邑」（〈立政〉）。很顯然，這一原則的提出，完全是爲著實現長治久安、富國強兵而王天下的總目標服務的。就用人制度而言，對於任人唯親、世卿世祿的一套作法，無疑是一個有力的否定。

什麼爲「賢」？《管子》提出了兩項標準：一是「義立」，二是「奉法」。〈宙合〉說得十分明確：「千里之路，不可扶以繩；萬家之都，不可平以準。言大人之行，不必以先常，義立之謂賢。」這就是說，長達千里的道路，大至萬戶的都市，情況異常複雜；前者不可能用繩墨來強行撥直，後者不可能用水準儀來一律取平。基於同一道理，偉大人物的行動也不應拘守先例，擬襲常規，合乎時宜即爲賢。「義」者何指？〈五輔〉從七個方面作了具體說明：「孝悌慈惠，以養親戚，恭敬忠信，以事君上；中正比宜，以行禮節；整齊撙詘，以辟刑僇；纖嗇省用，以備飢饉；敦懞純固，以備禍亂；和協輯睦，以備寇戎。」這裡所說的孝悌慈惠，恭敬忠信，公正友愛，端莊克制，節儉省用，敦厚樸實，和睦協調，都是屬於道德與政治素質方面的要求。〈重令〉說：「察身能而授官，不誣於上；謹於法令以治，不阿黨；竭誠盡力而不尚得，犯難離患而不辭死；受祿不過其功，服位不侈其能，不以毋實虛受者，朝之經臣也。」這裡所說的不欺騙君主，不袒護私黨，不謀求私利，不貪生怕死，不無功受祿，不倖取官職，都是屬於行爲規範方面的要求，其要旨就是奉公守法。所謂「經臣」，就是賢臣、法臣，即〈七臣七主〉中所說的依法度裁斷，按刑名判決，無誹謗之語，無誇飾之辭的恪守法度的大臣。「謹於法令以治，不阿黨」，就是以奉法爲賢。兩項標準，「義立」側重於賢臣的主觀素質，「奉法」側重於賢臣的客觀行爲。二者得以兼顧，即不失之如孔子所主張的僅僅以「仁」爲賢之迂腐，又不失之如韓非所堅持的將奉法與賢能對立之偏頗，任人的標準是頗爲全面的。

「賢」在何處？如何擇「賢」？《管子》作者的眞知灼見不但在於認識到了「天下不患無臣，患無君以使之」（〈牧民〉）這個客觀事實，尤其在於提出了一個「下什伍以徵」（〈君臣下〉）的選拔賢才的嶄新觀點。在《管子》的作者看來，所謂賢才，不但存在於貴胄之中，也同樣存在於平民之中。這正是《管子》求賢理論中閃耀的民主色彩。也正是在這一理論的指導下，《管子》的作者在〈問〉中提出了關於人才調查的嶄新課題。

問國之有功大者，何官之吏也？問州之大夫也，何里之士也？今吏，亦何以明之矣？……

士之身耕者幾何家？……

餘子仕而有田邑，今入者幾何人？子弟以孝聞於鄉里者幾何人？餘子父母存，不養而出離者幾何人？士之有田而不使者幾何人？吏惡何事？士之有田而不耕者幾何人？身何事？君臣有位而未有田者，幾何人？……

國子弟之游於外者幾何人？貧士之受責（債）於大夫者幾何人？官賤行貫，身出以家臣自代者幾何人？官承吏之無田餼而徒理事者幾何人？群臣有位事官大夫者幾何人？外人來游，在大夫之家者幾何人？鄉子弟力田爲人率者幾何人？國子弟之無上事，衣食不節，率子弟不田弋獵者幾何人？男女不整齊，亂鄉子弟者有乎？……

問士之有田宅，身在陳列者幾何人？餘子之勝甲兵有行伍者幾何人？問男女有巧伎，能利備用者幾何人？……

處士修行，足以教人，可使帥衆莅百姓者幾何人？士之急難可使者幾何人？工之巧，出足以利軍伍，處可以修城郭、補守備者幾何人？……

吏之急難可使者幾何人？……

問兵之官吏、國之豪士，其急難足以先後者幾何人？……

問所以教選人者何事？問執官都者，其位事幾何年矣？……

就現存典籍而言，完全可以說，這是我國古代史册上第一份彌足珍貴的人才普查提綱。其特點是面向全國，面向基層，面向平民。調查對象不但包括官、吏，而且包括鄉子弟、士乃至技巧之工；調查內容不但包括被調查者的基本情況，諸如州里籍貫、經濟狀況之類，而且包括各自特點，諸如交游情況、道德表現、能力特長等等。調查形式不但有〈問〉中所講的指派官員進行的全面普查，而且還有〈小匡〉中記載的桓公親自出面的重點抽查：「正月之朝，鄉長復事，公親問焉，曰：『於子之鄉，有居處爲義、好學、聰明、質仁、慈孝於父母、長悌聞於鄉里者，有則以告。有而不以告，謂之蔽賢，其罪五。』有司已於事而竣。公又問焉，曰：『於子之鄉，有拳勇、股肱之力、筋骨秀出於衆者，有則以告。有而不以告，謂之蔽才，其罪五。』」「於是乎鄉長退而修德，進賢。桓公親見之，遂使役之官。公令官長，期而書伐以告，且令選官之賢者而復之。」這類全面而縝密的謀慮，都是爲了增強物色賢才的準確度。

在這種周密調查的基礎上，《管子》的作者在〈君臣下〉中又設計了一套求賢制度：

> 上稽之以數，下什伍以徵，近其巽升，以固其意；鄉樹之師，以遂其學。官之以其能，及年而舉，則士反行矣。稱德度功，勸其所能，若稽之以衆風，若任以社稷之任。若此，則士反於情矣。

這裡，作者明確提出要眼睛向下，到「什伍」中去，到「匹夫」中去徵集賢才，縮短選升期限，進行專門培訓，依據才能薦舉試用，而後考核其德業政績，並聽取各方面的議論，正式委以「社稷之任」。這種作法，既加強培養，又注重考核，極有利於促進士人進德修業、忠誠國事，的確堪稱擇求賢才的好辦法。

如何實施「下什伍以徵」的求賢之策呢？〈立政〉規畫了具體方案：

凡孝悌、忠信、賢良、儁材，若在長家子弟、臣妾、屬役、賓客，則什伍以復於游宗，游宗以復於里尉，里尉以復於州長，州長以計於鄉師，鄉師以著於士師。……三月一復，六月一計，十二月一著。凡上賢不過等，使能不兼官，罰有罪不獨及，賞有功不專與。

這個方案的要求很明確：其一，發現孝悌、忠信、賢良、俊材，不論其出身如何，從什伍到鄉師，各級行政長官都必須逐級上報，然後由士師登記匯總；其二，有嚴格的時間規定，三個月一上報，六個月一匯總，十二個月作一次登記複核；其三，薦舉堅持臺階制，不越級，授官堅持專責制，不兼職。這樣的方案，「論卑而易行」（〈管晏列傳〉），充分體現了闡釋管仲主張的《管子》作者崇尚實際、講求實效的精神。

《管子》求賢理論的閃光處，不但體現在「下什伍以徵」之舉，同時還體現在視科技人才爲賢。〈山權數〉中即明確提出對於在農事、畜牧、園藝、醫藥、曆法、養殖等方面有特殊貢獻的科技人才，要「置之黃金一斤，直食八石」；對於擅長「詩者」、「時者」、「春秋者」、「行者」、「易者」，要置之「一馬之田，一金之衣」。對這些人才都要施行重獎，並認爲這是「國策之大者」。同時還提出要任用專家擔任職能部門的官員，因爲「詩者所以記物也，時者所以記歲也，春秋者所以記成敗也，行者道民之利害也，易者所以守凶吉成敗也，卜者卜凶吉利害也」，他們都有助於國君克服蒙昧愚妄、偏見。作者提出的這兩項措施，都是視科技人才爲賢的觀點的具體體現。

治國必須注意調查研究，從國情出發，把內政、外交辦好

治國必須注重調查研究，使朝廷的決策盡量建立在符合國情、民心的基礎上，這是《管子》政治學說中的一個十分新鮮而又重要的觀點。如前所述，〈問〉講的主要是關於人才問題的單項調查。〈八觀〉講的則是關於國計民情的全面調查，即「行其田野，視其耕芸，計其農事，而飢飽之國可以知也」；「行其山澤，觀其桑麻，計其六畜之產，而貧富之國可以知也」；「入國邑，

視宮室，觀車馬衣服，而侈儉之國可知也」；「課凶飢，計師役，觀臺榭，量國費，而實虛之國可知也」；「入州里，觀習俗，聽民之所以化其上，而治亂之國可知也」；「入朝廷，觀左右，求本（原文爲『本求』，從洪頤煊說改）朝之臣，論上下之所貴賤者，而強弱之國可知也」；「置法出令，臨衆用民，計其威嚴寬惠行於其民與不行於其民，而興亡之國可知也」；「計敵與，量上意，察國本，觀民產之所有餘不足，而存亡之國可知也」。簡而言之，「八觀」即謂從糧食餘缺、貧富水平、消費狀況、經濟虛實、治亂情形、政治強弱、興廢前景、存亡命運等八個方面，對一個國家的現實狀況進行系統而全面的調查分析，然後得出結論，向執政者提出建議，使之把國事辦得更好。可以說，這既是一篇卓有見地的關於調查研究的理論性文字，又是一篇甚有建樹的實踐性很強的治理國政的方策。石一參對此篇極爲推崇，說：「右〈八觀〉，純爲覘國之術。國計民情，一覽而洞然無遺。管子之於國事，良如聚米畫沙，政治家之眼光胸次，與空談文墨不同，字字從民產、民俗、民情、民力實際上量體而出。其瑣細處不遺針芒，其深刻處洞入奧渺。當國者，人手此一篇而警省之，於興亡、得喪、利害之因果，思過半矣。」（《管子今詮·八觀》）

注重調查研究，還只是一項治政方法，即藉「觀國政，料事務，察民俗」，弄清「治亂之所在」，「得失之所在」（〈正世〉），端正思想認識，「然後從事」，目的是爲了鞏固君主專政。而鞏固君主專政的大旨終在於統一天下，建立霸業。欲完成這個大業，從施政的角度而言，則既要把外交辦好，又要把內政辦好。《管子》的作者明確贊揚管仲高度重視外交事務，例舉管仲在作財政計畫時，曾將外交費用列爲全國財政開支的三分之二，內政費用只占三分之一，即〈中匡〉所謂「管仲會國用，三分二在賓客，其一在國」，並認爲這在齊桓稱霸初期，是頗爲必要的。「不失諸侯」，「鄰國親之」，創造一個有利的國際環境，是成就霸業的一項必備條件。但同時又贊揚管仲未嘗一息忘懷兵事，忘懷內政，堅持把辦好國內的事情放在首位。〈制分〉對此作了精鍊的闡述，說：「治者所道富也，治而未必富也，必知富之事，然後能富。富者所道強也，而富未必強也，必知強之數，然後能強。強者所道勝也，而強未必勝也，必知勝之理，然後能勝。勝者所道制也，而勝未必制也，必知制之分，然後能制。」意即執政者首先要把國內的事情辦好，造成安定、富裕、強盛的局面，然後才能戰勝敵國，定制天下。《管子》這種視內政、外交皆爲治國大計，認爲二者不宜偏廢的治政觀點，也是十分可取的。

爲君之道

在《管子》的政治學說中，「爲君之道」也是一個重要議題。全書大部分篇章對此都曾論及。這個「道」字，既指執政規律、原則，也指個人作風、素質，內涵相當豐富。關於執政原則，〈九守〉曾備加臚列，論述至爲全面。一言居位原則，謂君主當柔靜以待，臨難不驚；二言察事原則，謂君主宜善於集思廣益，方能不受蒙蔽；三言聽政原則，謂君主當志如高山，胸如深淵，明如神祇，方能駕馭天下；四言刑賞原則，謂君主若行賞施刑信實堅決，則能取信於民，懾伏姦僞；五言咨詢原則，謂君主應於天地人三道無所不聞，方能廣見博識；六言引導原則，謂君主若因勢利導，遵循規律，便能政事閒逸，國運久長；七言愼密原則，謂君主若處事謹愼周密，則不爲群臣所亂；八言參驗原則，謂君主宜洞察隱微，及早防範姦僞，方能應付裕如；九言督責原則，謂君主當循名責實，把握綱要，方能總攬全局。這是一篇總結「爲君之道」的政治家言。作者認爲這九項原則是爲君執政要道，君主若能恪守不誤，則執政自當得心應手。其中關於察事原則，謂君主宜善於聽取衆議，集思廣益，《管子》有兩段尤爲精彩的闡釋：

夫民別而聽之則愚，合而聽之則聖。雖有湯、武之德，復合於市人之言。是以明君順人心，安情性，而發於衆心之所聚。是以令出而不稽，刑設而不用。（〈君臣上〉）

民之觀也，察矣，不可遁逃以爲不善。故我有善則立譽我，我有過則立毀我。當民之毀譽也，則莫歸問於家矣。……操名從人，無不強也；操名去人，無不弱也。雖有天子諸侯，民皆操名而去之，則捐其地而走矣。（〈小稱〉）

這番闡釋之所以十分精彩，是因爲對民衆的集體智慧作了極高的評價，認爲民衆的集體智慧的水平絕不亞於「聖人」。即使聖明如商湯、周武王，其「德行」究竟當如何評價，也應交到民衆中，去與民衆的集體智慧相印證，應由民衆來評說。民衆的是非觀念是非常正確的，民衆的褒貶標準是非常客觀的。譽有善名而且聽從民衆的意見，沒有不強盛的；被有惡名而且抵制民衆的批評，沒有不衰亡的。倘若民衆持其惡名而背離，雖然尊顯如天子、諸侯，也只好捐棄領地而滾蛋。這竟是二千多年前的思想家的見解，多麼難得！如此卓越的見解，相與同時的各家學派之說，孰可同日而語？

關於君主所當保有的個人作風，〈君臣上〉、〈君臣下〉、〈小稱〉、〈正〉、〈禁藏〉等篇，論述較爲集中。其共同點則是強調治國者必須從「正身」、「罪己」作起，自我約束，自我反思。「道德定於上，則百姓化於下」，若「知失諸民」，則當「退而修諸己」（〈君臣下〉）。欲治民，先治臣，欲治臣，先治己。君主導民，要在身立德正，無失綱紀，只有率先垂範，做到行政服信，進德日新，始終守愼，舉人無私，察納雅言，力戒自是，才能達到匡正臣民，「不令而行」的預期目的。〈君臣上〉提出：倘若「君據法而出令，有司奉命而行事，百姓順上而成俗」，便能實現「君明、相信、五官肅、士廉、農愚、商工愿」，君臣同心，君民一體的局面。這些論述，雖然只是一幅爲帝王政治制度設計的理想圖案，但對於研究帝王政治學說，仍然是彌足珍貴的資料。

爲臣之道

君有君道，臣有臣道。君臣有道，國家則興；君臣無道，國家則亂。〈七臣七主〉謂爲臣當爲「法臣」，而不當爲「飾臣」、「侵臣」、「諂臣」、「愚臣」、「姦臣」、「亂臣」。所謂「法臣」，即依法度斷事，按刑名決案。按刑名決案，則訟獄消釋；依法度斷事，則賄賂不行。這是忠於國事，忠於君主之臣。所謂「飾臣」，即利用克制親貴的辦法來獵取虛名，賣弄漠視爵祿的姿態來顯示清高。沽名無實，不服駕馭，徒然損害君主威嚴。所謂「侵臣」，即隨時窺測動向，暗中找尋對策，以圖擴展私人勢力，損害國家法令，侵害君主權威。所謂「諂臣」，即逢迎諂媚，多造玩好、多飾美女以迷惑君主，使之疏遠賢臣，暗中受到孤立。所謂「姦臣」，即慣施姦計，「痛言人情以驚主，開罪黨以爲讎除」，「罪不辜」，伐異己，時刻謀求發展自身。所謂「亂臣」，即是攪亂朝廷的害群之馬，附和錯誤論調以傷害君主，誹議朝政以獵取聲名，表面上是歌功頌德的幹將，暗地裡是攻擊君主的元凶，淆亂是非，渙散人心，暗施詭計而難於覺察。七種類型，各有其道，一是六非，對照分明。如何爲臣，如何擇臣，均可借鑑。通觀《管子》全書，極言爲君爲臣，當如桓、管，君爲英主，臣爲賢相，君臣一體，同心強齊，共圖霸業，一匡天下，這便是作者縱論「爲君之道」、「爲臣之道」的主意所在。

治政還需厲行法治，重視「本業」

《管子》環繞「治政」這一論題，還提出了一些重要見解。比如，作者指出君主要嚴格實行法治，因爲這是「立朝廷」、「用民衆」的法寶。君主要認眞彰明賞罰，因爲「非號令毋以使下，非斧鉞毋以威衆，非祿賞毋以勸民」（〈重令〉）。只有「申之以憲令，勸之以慶賞，振之以刑罰」（〈權修〉），才能激勵百姓樂於爲害，才能防止直接危及政權的「暴亂之行」發生。作者又指出，君主欲治理好國政，必須高度重視「本業」，鼓勵開墾耕地，「野不闢，民無取，外不可以應敵，內不可以固守」，「有萬乘之號而無千乘之用，而求權之無輕，不可得也」（〈權修〉）。這裡，高明的作者將國家實力與君主權力緊密聯繫起來考慮問題，揭示出國家實力不強，則君主權力必將削弱，君主專政必難鞏固這一要害，深刻闡明了只有加強經濟實力，才能確保政權鞏固的道理。而後歸結爲體國之要，重在用賢執法，經國之方，首在興業富民。這些，的確都是頗有借鑑意義的政治學觀點。

《管子》的經濟思想

治政要旨在於富國安民

上文已經述及《管子》的治國之道，內容非常豐富。要而言之，即爲〈立政〉中所提出的三項基本綱領——「三本」、「四固」、「五事」。「國之所以治亂者三，殺戮刑罰，不足用也。國之所以安危者四，城郭險阻，不足守也。國之所以富貧者五，輕租稅，薄賦斂，不足恃也」。「治國有三本，而安國有四固，而富國有五事」。這裡，作者一再強調，欲使國家安定、富強，就必須實施「三本」、「四固」、「五事」這三項綱領。何謂「三本」？「君之所審者三：一曰德不當其位，二曰功不當其祿，三曰能不當其官。此三本者，治亂之原也」。這是從德行、政績、能力三個方面談用人原則：賢者在位，能者在職，有功者賞，治國必能井然有序。何謂「四固」？「君之所愼者四：一曰大德不至仁，不可以授國柄；二曰見賢不能讓，不可與尊位；三曰罰避親貴，不可使主兵；四曰不好本事，不務地利而輕賦斂，不可與都邑。此四務者，安危之本也」。這是從委任卿相、大臣、主帥、地方行政長官四個方面，談具體的用人政策：大德至仁的人管理國政，見賢能讓的人居處尊位，賞罰分明的人率領士兵，注重農事、關心百姓的人擔任地方父母官，自然就能「本固而邦寧」。何謂「五事」？「君之所務者五：一曰山澤不救於火，草木不殖成，國之貧也；二曰溝瀆不遂於隘，障水不安其藏，國之貧也；三曰桑麻不殖於野，五穀不宜其地，國之貧也；四曰六畜不育於家，瓜瓠、葷菜、百果不備具，國之貧也；五曰工事競於刻鏤，女事繁於文章，國之貧也」。這是從發展農業與副業生產、利用自然資源、興修水利、管理手工業勞動等五個方面談組織經濟活動，謀求脫貧致富，並認爲必須視「五事」爲「五經」，將其當作五條綱領性的措施來對待。唯其如此，國家方能立足於天下。詳察「三本」、「四固」、「五事」這三項綱領的核心，可概括爲四個字：用賢，興業。其大旨，也可以概括爲四個字：富國，安民。《管子》主張經濟治國的思想之明確無移，於斯可見。

《管子》主張經濟治國，這是從當時「治國常富而亂國必貧」（〈治國〉）的生動現實中所得出的認識。「民富則易治」（〈治國〉），則國安。「國多財則遠者來，地闢舉則民留處。倉廩實則知禮節，衣食足則知榮辱」（〈牧民〉），說的都是只有加速經濟發展，改善民衆生活，增強綜合國力，才能有利於國內安定，有利於民衆進步，才有可能稱霸天下。

經濟治國，必須重農重地重粟

如何實施以經濟治國的方針呢？《管子》強調必須以農爲本。農業是衣食之源，不發展農業，不首先解決温飽問題，國家必然治理不好。〈八觀〉反覆指出：「行其田野，視其耕芸，計其農事，而飢飽之國可以知也。」倘不重視農事，耕而不深，耘而不勤，雜草叢生的田多，精耕細作的田少，這樣的國家即使不遇到水旱災害，也是一個「飢國」。這樣的國家如果人口少，「則不足以守其地」；如果人口多，「則國貧民飢」；倘若遇上水旱之災，「則衆散而不收」，勢將成爲一片荒地。所以，不重視農業的國君，只將是一個隨時都可能垮臺的「寄生之君」。

欲發展農業，除了勞動力這個第一因素之外，土地問題也至爲重要。〈乘馬〉指出：「地者，政之本也。」「地可以正政也。」「地不平均和調，則政不可正也。」因而作者認爲首先必須採取「正地」措施，「長亦正，短亦正，小亦正，大亦正」，將土地「平均調和」，將生產者與生產資料緊密結合起來，藉以調動農民的務農熱情，使之「留處」、「不移」，勤勞本業。

所謂「平均」，即〈小匡〉所提出的「井田疇均」，在井田制的基礎上調整分配土地。〈乘馬〉說：「方一里，九夫之田也。」〈匡乘馬〉說：「一農之量，壤百畝也。」意即方一里爲一井，一井九百畝，一個農夫耕種百畝。「疇均」，就是要求做到同一井田之內，農夫耕種的土地實數要均等。所謂「和調」，即依據一定的期限及時調整土地。如〈乘馬〉所說「三歲修封，五歲修界，十歲更制，經正也」。或因雨水沖刷，或因人爲侵損，田地的經界需要作出定期修正，方可避免爭訟糾紛。土質有肥有瘠，陽光、水利等條件有好有壞，需要施行合理調整，方可使耕者機會均等。加上桓公之時，兼併漸興，井田制日益遭到破壞，「不均」已經成爲普遍現象。《管子》作者看到了這種狀況的危害，深知「不均之爲惡也，地利不可竭，民力不可殫」（〈乘馬〉），而「民非作力，無以致財」（〈八觀〉），因而及時提出「平均調和」之策，旨在謀求「地竭利」而「民盡力」的最佳效果。

「正地」還有一個重要內容，往往爲論者所忽略，即「納稅」之事。《國語・齊語》說管仲當年實行的稅法是「相地而衰徵」，即依據土地的好壞分等級收稅：肥沃的田地收穫量大，徵稅則多；貧瘠的田地收穫量小，徵稅則少。〈大匡〉說管仲還曾經實行了「案田而稅」的辦法，兩年收稅一次，並且考慮年成的好壞，平常年成收什一稅，飢荒年成減稅而緩徵，即「二歲而稅一。上年什取三，中年什取二，下年什取一。歲飢不稅，歲飢弛而稅」。這種徵稅措施，跟苛急無時，橫徵暴斂比較，相對而言，尚屬合理，可使農民因「懷其產」而「安鄉重家」。《管子》的這種「相地而衰徵」、視歲而薄斂的主張，正是其農本思想在財稅政策方面的體現。

《管子》作者認爲，如此核實了田畝，全面考慮了各方面的因素，授田才能「平均調和」。農民知道了耕田多少，納稅多少，自得多少，「乃知時日之蚤晏，日月之不足，飢寒之至於身也」，才會「夜寢蚤起，父子兄弟不忘其功，爲而不倦」，「不憚勞苦」（〈乘馬〉）地勤於農事。這裡，作者清楚的表明，土地固然是十分重要的生產資料，而農民的勞動則是創造財富的源泉。沒有農民的勞動熱情，土地決然發揮不了自身的作用；發展生產，促成國家富強，便只能是一句空話。〈八觀〉中所謂「彼民非穀不食，穀非地不生，地非民不動，民非作力，無以致財」，「天下之所生，生於用力，用力之所生，生於勞身」，更是這種認識的深刻闡釋。

其次，相對於荊楚等國而言，齊國人口不衆，耕地狹小，欲增強國力，必須不斷開墾土地，擴大耕種面積，以「來遠人」而使「民留處」。《管子》作者明確指出，「地大而不耕，非其地也」（〈霸言〉）。「地之不闢者，非吾地也」，「地博而國貧者，野不闢也」，「野不闢」，「外不可以應敵，內不可以固守」（〈權修〉），「地不闢，則六畜不育；六畜不育，則國貧而用不足；國貧而用不足，則兵弱而士不厲」（〈七法〉）焉能安國而王天下？因此，作者又反覆強調「闢地」、「墾田」是「富國多粟」的前提，一再指出「田墾則粟多，粟多則國富，國富則兵強，兵強者戰勝，戰勝者地廣」（〈治國〉）。「闢地」、「墾田」不僅是富國安民的需要，而且也是「兵強」、「戰勝」，稱霸天下的需要。

以地爲本，也就是以農爲本。但以農爲本，還需有更多的得力措施。比如，如何最大限度地將人力、物力、財力集中用於農事呢？作者反覆指出，首要的措施是徵役不違農時，不害農事。「如以予人財者，不如無奪時；如以予人食者，不如無奪其事」（〈侈靡〉）。「春十日不害耕事，夏十日不害芸事，秋十日不害斂實，冬二十日不害除田，此之謂時作」（〈山國軌〉）。「彼王者不奪民時，故五穀興豐」。若違農時而大興土木，則「起一人之繇，百畝不舉；起十人之繇，千畝不舉；起百人之繇，萬畝不舉；起千人之繇，十萬畝不舉。春已失二十五日，而尚有起夏作，是春失其地，夏失其苗，秋起繇而無止，此之謂穀地數亡」（〈匡乘馬〉）。「穀地數亡」，何談國富兵強而稱霸天下？其次，在政策導向方面必須堅持「務本飾末」（〈幼官〉）。「末產不禁，則野不闢」（〈權修〉）。「本」，指農事；「末」，指「工事競於刻鏤，女事繁於文章」（〈立政〉）之類的奢侈品生產。「飾末」、「禁末」，即對奢侈品的生產與流通加以整頓和限制，使之不能與農事「爭民」、「爭貨」、「爭貴」——爭奪勞力、爭奪資金、爭奪地位而導致人們「舍本事而事末作」（〈治國〉）。此中道理很簡單，因爲奢侈品之類的生產，勞力耗費多，而又不是民衆的日常生活所必需。如果勞動者只是在「雕文刻鏤」、「錦繡纂組」方面下功夫，就會使菽粟布帛不足，「民必有飢餓之色」和「凍寒之傷」（〈重令〉）。既然大量生產奢侈品會造成如此狀況，那麼爲什麼勞動者仍然樂意生產這類產品，而不樂意生產五穀一類的「司命」之物呢？是因爲勞動收入大相懸殊。從事奢侈品生產，勞動一天的收入可以維持五天的生活，即「一日作而五日食」，而「農夫終歲之作」，還「不足以自食」（〈治國〉）。這樣，農夫必然會「緩於時事而輕地利」，「輕地利而求田野之闢，倉廩之實，不可得也」（〈權修〉）。最終必然導致「野與市爭民」（〈八觀〉），「田荒而國貧」（〈治國〉）的嚴重惡果。

如同禁限「末產」一樣，《管子》還提出了「禁山澤之作」的主張，認爲「山林雖廣，草木雖美，禁發必有時」；「江海雖廣，池澤雖博，魚鱉雖多，網罟必有正」。這樣作，「非私草木、愛魚鱉也，惡廢民於生穀也」（〈八觀〉）。作者的意圖很明白，在於防止「山澤之作」與農事爭奪勞力而貽誤農時。

再次，在制定具體政策時，要給農事以優惠，國家一定要有足夠的糧食和貨幣儲備作爲農貸，藉以保證農事順利進行。〈國蓄〉說：要「使萬室之都必有萬鍾之藏，藏繈千萬；使千室之都必有千鍾之藏，藏繈百萬。春以奉耕，夏以奉芸」，「種穰（『穰』，原文爲『饟』，依聞一多說校改）糧食，畢取贍於君」，「春賦以斂繒帛，夏貸以收秋實」，君主謹「守其本」。這樣，人民既不會荒廢農業，國家的財利也不會流失於私商手中了。

總之，《管子》作者認爲，治政者務必明確，「所謂興利者，利農事也」；「所謂除害者，禁害農事也」（〈治國〉）。在組織生產活動的全過程中，始終應當以農事爲中心，毫不遲疑地把農業擺在第一位。

《管子》所說的「農事」，最爲注重的是糧食生產。作者一再強調，「五穀食米，民之司命也」（〈國蓄〉）；「地之守在城，城之守在兵，兵之守在人，人之守在粟」（〈權修〉）；「粟者，王事之本也」，「粟也者，民之所歸也」，「入粟多則國富，國富則安鄉重家，安鄉重家則雖變俗易習，驅衆移民，至於殺之，而民不惡也。此務粟之功也」(〈治國〉)；最後歸結爲「凡五穀者，萬物之主也」(〈國蓄〉)。如此反覆說明糧食生產的重要性，把糧食的作用與民衆生活、國家命運直接聯繫起來，鮮明地闡釋了治國必須以農業爲本，必須把糧食生產放在首位的觀點，這對於中國古代經濟學有著非常深刻的影響。

經濟治國，必須發展多種經營

然而《管子》的作者並非提倡孤立而單一地只種五穀，而是主張在保證糧食生產的前提下，發展多種經營，養桑麻，育六畜，種瓜果蔬菜，一再指出「務五穀則食足，養桑麻、育六畜則民富」，「積於不涸之倉者，務五穀也；藏於不竭之府者，養桑麻、育六畜也」(〈牧民〉)；「行其山澤，觀其桑麻，計其六畜之產，而貧富之國可知也」(〈八觀〉)；「桑麻殖於野，五穀宜其地，國之富也；六畜育於家，瓜瓠、葷菜、百果備具，國之富也」(〈立政〉)。這種主張，既是從滿足人們日常消費、爲發展糧食生產積累資金出發而提出的指導性意見，也是因地制宜、發展多種經營的生產經驗的總結與概括。自西周以來，人們一向只以家畜的多寡作爲衡量家庭財富的通常標準，但到了這時，桑麻的多少也成了計算個人財富的標尺，這正是《管子》時代社會經濟發展的必然結果。

經濟治國，不能忽視工商

《管子》主張經濟治國，重地重農重粟而不輕工商。所謂「飾末」、「禁末」，只是對奢侈品的生產與流通加以整頓和限制而已，旨在爲了集中人力、物力、財力「務本」，以期促進農業發展。作者對於奢侈品生產之外的手工業、商業的社會作用，則仍然是肯定的。認爲手工業可爲農民提供生活用品和勞動工具，可以使之「毋乏耕織之器」；商賈可爲農事提供資金，可爲農產物資找到銷路。「市也者，勸也。勸者所以起本」（〈侈靡〉），說的就是市場交易可以反作用於農事，可以促進農業的發展。認爲村落必須有交易場所，「聚者有市，無市則民乏」；「市者，貨之准也」，如果市場商品價格低廉，商人就「百利不得」，「百利不得則百事治」，各項生產都能發展，「百事治則百用節」，各種需求都能得到調節，國家也就能治理得有條不紊。並且認爲「市者，可以知治亂，可以知多寡」（〈乘馬〉），可以起到政治晴雨表的作用。正因爲如此，所以〈小匡〉說：「士農工商四民者，國之石民也。」作者將工商之民同樣視爲建設國家的柱石，正是首先著眼於他們在經濟生活中的重要作用而言。

經濟治國，必須壟斷礦藏，官營鹽鐵

《管子》主張經濟治國，也十分重視對於礦業的管理。因爲礦業對於國計民生，關係頗爲重要，無論是金屬貨幣的鑄造，還是生產工具與武器裝備的來源，從根本上說，都有賴於礦業的發展。《管子》作者對於我國古代的礦山情況，曾經作過初步統計：「出銅之山，四百六十七山；出鐵之山，三千六百九山。」（〈地數〉）對於礦權歸屬，也曾作過論斷：「苟山之見榮者，謹封而爲禁。有動封山者，罪死而不赦。有犯令者，左足入，左足斷；右足入，右足斷。然則其與犯之遠矣，此天財、地利之所在也。」（〈地數〉）意思是說，一旦發現了礦苗，確定山中有礦，就應當盡快加以嚴厲封禁，私人不得開採。

爲什麼必須堅持礦權國有呢？〈揆度〉指出：「鹽鐵，二十國之策也；錫金，二十國之策也。」意即國家壟斷礦藏資源，官營鹽鐵和錫金，都可以贏得二十個財政年度的收入，顯然可以增強財政實力。其次，山鐵諸礦是製造兵器的材料來源，不實行礦權集中的政策，勢必將有國中戰亂的危險。單從國家的政治安定而言，也需要施行礦權獨攬。

如何組織開採礦藏呢？〈輕重乙〉曾經作過分析：開山採礦，是一項大規模的繁重勞動，且要求勞動者遠離住所，食宿山谷，難於管理。「今發徒隸而作之，則逃亡而不守；發民則下疾怨上，邊竟有兵，則懷宿怨而不戰。未見山鐵之利而內敗矣」。此言朝廷出面組織大規模開掘，難度甚大。若指令服勞役的罪犯來開採，驅使他們於深山峽谷之中，則難免逃亡而無法看管；若調集平民，用徵發勞役的辦法來採礦，則招來嫉恨，遇上邊境有事，便會心懷宿怨而不肯作戰。未見經濟上的效益而招致政治上的動亂，實爲下下之策。上上之策是什麼呢？是在國家監督之下，讓私人承包開採經營，朝廷按比例抽成。「故善者不如與民，量其重，計其贏，民得其七，君得其三，有雜之以輕重，守之以高下。若此，則民疾作而爲上虜矣」。這種「雜之以輕重，守之以高下」，利用物價政策的槓桿來吸引民間力量，運用經濟的手段來管理經濟的辦法，實爲深通經濟管理的舉措。

貧富必須「有度」，防止過分懸殊

《管子》主張經濟治國，在財產分配方面也提出了不少獨特見解。作者既主張「富民」，又認爲貧富懸殊不可過大。因爲貧富懸殊過大，對國家管理不利。「夫民富則不可以祿使也，貧則不可以罰威也。法令之不行，萬民之不治，貧富之不齊也」（〈國蓄〉）。因而作者一方面不贊成弄得民衆貧困，認爲「民貧則難治也」（〈治國〉），「甚貧不知恥」（〈侈靡〉）；另一方面，也反對臣民太富足，認爲「甚富不可使」（〈侈靡〉），「家足其所者，不從聖人」（〈輕重乙〉），對統治者甚爲不便。很顯然，《管子》主張「貧富有度」，反對過分懸殊，並非從倫理角度來考慮問題，而是從鞏固封建統治秩序的目的出發的。

如何防止貧富過度懸殊，兩極嚴重分化呢？《管子》作者提出君主對民衆的財富要能作到「富而能奪，貧而能予」（〈揆度〉），要能作到「散積聚，鈞羨不足，分并財利」（〈國蓄〉）。若能「上立軌於國」，則民之貧富「如加之以繩」（〈山國軌〉）。這裡所說的「奪」或「分」，是指國家運用調控價格等措施以防止富商大賈乘機牟取暴利，並非主張剝奪富有者的財產而實行「均富」。對於貧者的所謂「予」，也僅指某種形式的貸放措施和豐歉地區的互相調劑，並非要求國家慷慨贈予。由此可見，就其社會效果而言，《管子》作者所設計的一些措施，僅只限於調整民事，緩和貧富之間的尖銳對立而已。

實行宏觀調控，控制貨幣與穀物

對於全國經濟，《管子》極力主張實行宏觀調控，提出的主要措施是控制貨幣與穀物。「五穀食米，民之司命也；黃金刀幣，民之通施也」（〈國蓄〉），作者認爲，國家如果掌握了貨幣與穀物，便能控制整個商品市場，使民衆盡力於國事。但穀物是私人產品，國家只有通過貨幣交換，才能將它掌握到自己手中。因此，國家必須嚴格控制貨幣，運用貨幣「以守財物，以御民事，而平天下」（〈山國軌〉）。對於貨幣的職能，作者的認識是頗爲全面的。〈輕重乙〉所謂「黃金刀布者，民之通貨也」，〈揆度〉所謂「刀布者，溝瀆也」，此類論述，即可表明作者不但認識到了貨幣作爲流通工具的職能，而且理解了貨幣作爲社會商品流通渠道的作用。對於貨幣的價值貯藏的職能，作者也有論及，說：「萬乘之國不可以無萬金之蓄餘，千乘之國不可以無千金之蓄餘，百乘之國不可以無百金之蓄餘。」（〈山權數〉）爲了適應農事的季節性需要，〈山國軌〉中還曾提出要設置「環乘之幣」以作存貯備用，以應流通急需。總之，《管子》作者認爲，貨幣作爲管理經濟的工具，國家必須牢牢加以控制。

《管子》主張經濟治國，對於財政管理，也多有卓見。比如在「徵索於民」方面，作者明確否定「徵籍」而肯定「租稅」，就是從考慮是否有利於發展生產，是否有順於民心出發的。〈國蓄〉說：「徵籍者，所以強求也。」「租稅者，所慮而請也。」細繹全文，「徵籍」當指關市之徵、房屋稅、人口稅、戶稅之類，是公開按數額徵索。「租稅」則指土地稅及各種租金，是加在商品價格中的一種隱蔽性稅收，是經過一番謀慮而採用的「見予之形，不見奪之理」的手法。二者相較，作者視「租稅」爲「天下樂從」，而議「徵籍」爲不可強行。〈輕重甲〉明確指出：強求的「徵籍」將直接妨害生產，「籍於室屋」，「是毀成也」；「籍於萬民」，「是隱情也」；「籍於六畜」，「是殺生也」；「籍於樹木」，「是伐生也」。凡所「徵籍」，都只能給社會生產帶來損害。〈國蓄〉也指出，強行的「徵籍」將會給民衆帶來沉重的負擔，「今人君籍求於民，令曰十日而具，則財物之賈什去一；令曰八日而具，則財物之賈什去二；令曰五日而具，則財物之賈什去半；朝令而夕具，則財物之賈什去九」。很明顯，朝廷一紙限時限刻須以貨幣形式交納賦稅的「徵籍」令，將給民衆帶來多麼慘重的損失！在這裡，《管子》的作者第一次嚴重指出了封建王朝的財政榨取的時限給納稅人所造成的損害，往往會比沈重的賦稅本身還要沈重得多。

強令的「徵籍」措施不宜施行，朝廷的財政耗費不可稍減，矛盾如何解決？《管子》在理財思想上的重大貢獻，是主張盡一切可能增大國家的經濟收入來代替租稅收入。作者認爲，國家可以從以下幾個方面獲得可觀的收入：

一、是控制糧食。五穀是「司命」之物，誰都不可或缺。每月「大男食四石」，「大女食三石」，「吾子食二石」（〈國蓄〉），全國所需量極大。國家通過穀物的實物徵課及預購措施，掌握大量穀物，可以有效地控制物價。而非農業人口所需糧食又必須從國家手中購買，即此獲得的巨額利潤，便可成爲國家財政收入的一項重要來源。

二、是食鹽專賣。食鹽也是人們生活所必需，「十口之家，十人咶鹽；百口之家，百人咶鹽。凡食鹽之數，一月丈夫五升少半，婦人三升少半，嬰兒二升少半」（〈地數〉）。「萬乘之國，人數開口千萬也」（〈海王〉）。需要量既如此巨大，國家施行專賣，若稍提價，「升加分耗而釜五十，升加一耗而釜百，升加十耗而釜千」，利潤便十分可觀。而且齊國富有「渠展之鹽」，倘若擴大對外出口，近乎「煮沸水以籍於天下」（〈地數〉），使天下人都向齊國納稅。

三、是壟斷鐵製品生產。鐵製工具是農事、交通和紡織業等必需的生產資料。「一農之事，必有一耜、一銚、一鐮、一鎒、一椎、一銍，然後成爲農。一車必有一斤、一鋸、一釭、一鑽、一鑿、一銶、一軻，然後成爲車。一女必有一刀、一錐、一箴、一鉥，然後成爲女」（〈輕重乙〉）。需要量之大，亦甚可觀。國家專營，若稍加價，「今針之重加一也，三十針，一人之籍。刀之重加六，五六三十，五刀，一人之籍也。耜鐵之重加十（『十』，原文爲『七』，當爲形近致誤），三耜鐵，一人之籍也」（〈海王〉）。或是三十根針，或是五把刀，或是三件耜，它們的加價所得，就等於一人一年應納的人頭稅，利潤可謂驚人。

四、是控制山澤資源，獲取租賃收入。〈輕重甲〉說：「山林、菹澤、草萊者，薪蒸之所出，犧牲之所起也。」人君當「謹守其山林、菹澤、草萊」而施行租賃。〈山國軌〉說得更爲具體：「宮室械器，非山無所仰。然後君立三等之租於山，曰：握以下者爲柴楂，把以上者爲室奉，三圍以上爲棺槨之奉。柴楂之租若干，室奉之租若干，棺槨之租若干。」「去其田賦，以租其山：巨家重葬其親者，服重租；小家菲葬其親者，服小租；巨家美修其宮室者，服重租；小家爲室廬者，服小租。」只需按等級交付租金，任何人都可以入山採伐林木。或取柴楂，或取建房木料，或取棺槨用材，依據經濟條件不同而租金各有差異。如此收取租金，不但可以增加財政收入，而且方法頗爲巧妙，使交納者「樂從」。山如此，澤如此，畜牧、狩獵場所莫不如此。齊爲自然資源豐富之國，「夫海出泲（『泲』即泲水，猶今言之鹵水。原文爲『沸』，據馬非百說改）無止，山生金木無息」（〈輕重乙〉），君主若能「謹守」其章而行，財源自當廣闊。

在《管子》的經濟思想中，「消費論」更具特色。《管子》全書中，有兩篇相當集中地論述了「消費」問題，一是〈事語〉，二是〈侈靡〉。前者主張節制消費，注重蓄積；後者主張擴大高消費，發展高消費。同一著述之中，二者如此大相逕庭，似乎極爲矛盾而難於理解。但細繹起來，卻也並非如是。

兼顧「儉」、「侈」的消費思想

通觀《管子》全書，其「消費論」是由兩個方面的內容所構成：一是整體消費原則，二是具體消費政策。就朝廷大政而言，無疑應當遵行崇儉節制的原則：「明君制宗廟，足以設賓祀，不求其美；爲宮室臺榭，足以避燥濕寒暑，不求其大；爲雕文刻鏤，足以辨貴賤，不求其觀。故農夫不失其時，百工不失其功，商無廢利，民無遊日，財無砥墆。故曰：儉其道乎！」（〈法法〉）「故聖人之制事也，能節宮室、造車輿以實藏，則國必富、位必尊；能適衣服、去玩好以奉本，而用必贍、身必安矣。」（〈禁藏〉）在這兩段論述中，作者明確提出：賢君治國，當以崇尚節儉爲「正道」；聖人理財，當以「實藏」爲歸旨。其目的都是爲了「國富」、「位尊」、「用贍」、「身安」。「先王以守財物，以御民事，而平天下也」（〈國蓄〉），朝廷只有厲行節儉原則，多方節流，在擁有大量儲備的情況下，才能有效地保證「奉本」，即使農業在社會生產中的主導地位不受衝擊，才能有效地控制整個國計民生。以上所述，是就普遍意義而言。若就特殊意義而言，則如〈事語〉所示，齊國領土狹小，而目標遠大，欲舉與大國爭雄，「非有積蓄不可以用人，非有積財無以勸下」，因而「泰奢之數」不宜施用。很明顯，作者主張積蓄，反對侈靡消費原則，完全是從齊國欲爭雄稱霸這個大目標出發的。

就具體消費政策而言，則作者認爲不必受傳統消費觀念的約束，在特定情況下，應當提倡侈靡消費。〈侈靡〉說：「興時貨（『貨』，原本作『化』，據郭沫若說校改）若何？莫善於侈靡。」所謂「興時貨」，即指改變生產停滯、流通不暢的局面。如何改變這種不景氣的局面呢？作者認爲，最好的辦法莫過於提倡「侈靡」。用今天的話來表述，就是提倡高消費。「巨瘞培，所以使貧民也；美壟墓，所以使文萌（『使文萌』，原文爲『文明』，據郭沫若說校改）也；巨棺槨，所以起木工也；多衣衾，所以起女工也。猶不盡，故有次浮也，有差樊，有瘞藏」。這裡，作者公開提出操辦喪葬事宜，可以挖掘宏大的墓室，裝飾堂皇的墓廬，製造巨大的棺槨，多用隨葬的衣被及其他隨葬物品，用意在「使貧民」、「使文萌」、「起木工」、「起女工」，即振興雕漆工、木工、女紅之事。在飲食方面，作者也公開提出可以鋪張，甚至認爲「雕卵然後瀹之，雕橑然後爨之」，即把雞蛋彩畫之後再煮食，將木柴雕刻之後再焚燒，亦無不可。鼓勵「富者靡之」，而使「貧者爲之」，目的在藉以擴大就業途徑，讓貧民獲得謀生機會。（乘馬數）更提出當以此作爲國家應急措施：「若歲凶旱水泆，民失本，則修宮室臺榭，以前無狗、後無彘者爲庸。故修宮室臺榭，非麗其樂也，以平國策也。」意思很明白，遇上災害年成，貧民失去了務農的條件，國家便僱傭那些連豬狗都養不起的赤貧者做工爲生。這時修建臺榭，目的不是爲了觀」之樂，而是實行應急的權宜之計，以工代賑，藉以解決貧民的生存與就業問題。

如上所述，無論是平時，還是「急」時，侈靡消費主張的提出，著眼點都是爲了安定民衆，以求維持和振興社會生產。正因爲如此，這種消費是有條件的，有限度的。「厄隘之國」，食無餘積，財無儲備，不可施行「泰奢之數」。只有積貯充裕的國家，才可以「立餘食而侈，美車馬而馳，多酒醴而靡」（侈靡）。但同時還必須有統一籌畫。如果「春秋冬夏，不知時終始，作功起衆，立宮室臺榭」，則必將弄得「民失其本事」，造成「民無糧賣子者數矣」的嚴重後果。

由此看來，《管子》的「消費論」，是兼顧到了「儉」與「侈」兩個方面的，既肯定了崇儉節用是「明君六務」之首，是財政用度的總原則，又指出了侈靡消費只是一種政策手段，只在特定條件下才可發揮其特殊作用。「聖人與時變而不化，從物而不移」（內業），「不化」者，「不移」者，指的是基本目標和基本原則；「與時變」者，「從物」者，指的就是具體政策，權宜措施。

饒有新意的「輕重」學說

在《管子》的經濟思想中，最有新意的部分，應當首推「輕重」學說。其主要觀點反映在「輕重十九篇」之中。說是「十九篇」，實則〈問乘馬〉、〈輕重丙〉、〈輕重庚〉等三篇已是有目無文，因而現存者只有十六篇。這是一組專門闡釋財政經濟問題的著述，涉及的內容非常廣泛，探討的重點則是「輕重」理論，即價格學說在一切商品與穀物以及貨幣方面的運用。

穀物本來應當包含在「一切商品」之中，但因爲在當時的社會經濟中，五穀是「萬物之主」，有著舉足輕重的特殊作用，因而被作者抽摘出來單獨加以論述。從商品的角度而言，任何商品都是「重則至，輕則去」，「物臧則重，發則輕」（〈揆度〉），「章之以物則物重，不章以物則物輕；守之以物則物重，不守以物則物輕」（〈輕重甲〉）。因而理財者運用「輕重」法則，掌握商品時價，及時貯積或拋售，便能獲取預期利潤。就穀物而言，則除此而外，尚另有其特異之處。一是「穀貴則萬物必賤，穀賤則萬物必貴」（〈國蓄〉）；二是各種物資的價格，要與所值的貨幣多少大體相當，唯有五穀可以「獨貴獨賤」（〈乘馬數〉）。可見五穀作爲「萬物之主」，在與其他一切商品的交換中，起著支配、決定的作用。再加上五穀是「民之司命」，既是民衆生活中須臾不可或缺的東西，又是當時在物質資料的生產中占絕大比重的東西，因而國家有效地加以控制，也就更有著特殊重大的意義。

從在商品交換中的作用而言，則貨幣既是「民之通施」（〈國蓄〉），「民之通貨」（〈輕重乙〉），是流通工具，又是「溝瀆」（〈揆度〉），即商品流通的渠道。國家掌握了貨幣，就要設法掌握五穀、布帛這類民衆生活的必需品，而後進而調控其他商品價格，從調控中贏取利潤。即〈國蓄〉中所謂：「穀賤則以幣予食，布帛賤則以幣予衣。視物之輕重而御之以准，故貴賤可調，而君得其利。」如果貨幣高度集中到了國庫，國家便可大量投放貨幣，收購低價物資。如果民衆所需物資大量集中到了國家手中，物價飛漲，國家便當按照市價拋售物資，直到物價回降爲止。即如〈山國軌〉所謂「國幣之九在上，一在下，幣重而萬物輕，斂萬物，應之以幣。幣在下，萬物皆在上，萬物重十倍。府官以市橫出萬物，隆而止」。作者已經認識到，貨幣是控制國家經濟的重要工具。國家如果既掌握了貨幣，又通過貨幣的交換作用而掌握了穀物的話，便能控制整個商品世界。因而明確主張「執其通施而御其司命」（〈國蓄〉），即國家嚴格掌握貨幣的收放，直接控制主要商品，尤其是五穀這一特殊商品的價格，進而間接影響一般商品價格的水平，藉以調控物價，並從中獲得最大限額的利潤，用以充實國家財政。

總之，《管子》關於闡釋「輕重學說」的大量篇幅，足以表明作者已經認識到客觀的價格規律的自發作用對於民衆生活的重大影響，已經認識到人們的生產勞動與物價之間的密切關係。指出「凡將爲國」，不可「不通於輕重」；「不通於輕重，不可爲籠以守民；不能調通民利，不可以語制爲大治」。因而君主必須認識價格規律，並自覺地運用這一規律「調通民利」，控制市場，採取「以重射輕，以賤泄平」（〈國蓄〉）等措施來達到積累資財，平衡物價，穩定民心，鞏固政權的目的。

如何才能運用價格規律來贏取高額利潤呢？《管子》作者認爲國君必須注意兩個要點：一是要「執其通施以御其司命」，即掌握「黃金刀幣」這一流通手段來控制糧食，藉以調動民力，促進各項生產全面發展。生產發展了，理財才好辦。否則，縱然有了「巧婦」，也將難爲無米之炊。正如〈輕重己〉篇所說：「通輕重」固爲治國妙術，但若無四時所生之萬物，若不注重財物之生產，則雖有「聖手」，也將無法施展。二是要堅持「利出於一孔」（〈國蓄〉），即實行高度集中。糧食、鹽、鐵、林木等物，是廣大民衆維持生活、擴大生產不可或缺的重要物資，應由國家統一掌握。國家掌握了財利、資源，掌握了貨幣發行，有了一定的經濟實力，才能有效地控制流通樞要，控制市場物價，才能達到避免動亂和「無籍而贍國」的目的。

鼓勵發展對外貿易

尤爲可貴的是，《管子》作者的眼光不僅看到了國內，而且看到了國外，認爲「物之所生，不若其所聚」，而欲廣聚財富，還必須「來天下之財」（〈輕重甲〉），努力發展對外貿易。因而極力主張放寬對於充作「外財之門戶」的關卡的稅收，「徵於關者，勿徵於市；徵於市者，勿徵於關。虛車勿索，徒負勿入」（〈問〉），先以優惠政策吸引外商。外商入境之後，又從生活條件方面盡可能給予優待：「爲諸侯之商賈立客舍，一乘者有食，三乘者有芻菽，五乘者有伍養。」（〈輕重乙〉）意謂爲外商提倡專門客棧，對於一輛車入境的商人，免費供應本人膳食；對於三輛車入境的商人，另加供應牲口草料；對於五輛車入境的商人，再加配五個服務人員。這樣做的目的很明確，欲使「天下之商賈歸齊若流水」，以期藉助對外通商手段，引進國外貨源，汲取國外資金，利用國外勞力，使「天下之寶壹爲我用」（〈地數〉），並通過加強同諸侯各國的貿易往來，力圖造成一個友好的國際環境，以利齊國經濟的加速發展。可以說，在中國古代，《管子》作者是最早而唯一的主張與鼓勵發展對外貿易的思想家，其放眼天下的理財見解，是十分可取的。

《管子》現存七十六篇，有四十餘篇涉及經濟問題，其中二十餘篇主要討論經濟問題，其經濟治國的觀點，闡釋至爲全面而深刻。在諸子百家之中，這是獨具特色的。就全書的重心而言，若謂《管子》是一部經濟政治學，也該是可足齒數之論吧。

《管子》的軍事思想

《管子》中研討軍事的篇幅甚多。就數量而言，僅次於談論經濟、政治的篇幅。諸如〈兵法〉、〈地圖〉、〈參患〉、〈七法〉、〈霸言〉、〈幼官〉、〈制分〉、〈小匡〉、〈霸形〉、〈問〉、〈重令〉、〈法法〉、〈勢〉、〈九變〉、〈小問〉、〈禁藏〉、〈輕重甲〉、〈輕重戊〉等等，或通篇，或部分，都談了軍事，而且無不闡發了深刻的見解。這裡，只從如下三個方面略加闡述。

欲戰必先慎謀

前文已經論及，《管子》諸篇，多作於戰國時代。這個時代的主要特徵是雲水翻騰，風雷激盪，紛爭不已，弱肉強食。不論是爲了生存，還是圖謀稱霸，也不論是爲了「誅暴國」，還是爲了「禁邪亂」，都離不開戰爭這個手段。〈參患〉說：「君之所以卑尊，國之所以安危者，莫要於兵。故誅暴國必以兵。兵者，外以誅暴，內以禁邪。故兵者，尊王安國之經也，不可廢也。」這裡說的是，軍隊是關係君主尊卑、國家安危的重要工具，戰爭是「尊王安國」、「誅暴」、「禁邪」的必要手段，不宜輕易廢置。〈霸言〉說：「霸王之形。」「兵戰勝之。」此言霸業王業的形態特徵之一，就是兵戰處於優勢。這類論述，既闡明了軍隊的內外職能，又提出了正義戰爭的客觀標準，揭示了當時欲有作爲的君主，以軍事手段來謀求建立新的生產關係、建立霸王之業的願望與要求，否定了孔子提倡「去兵」，墨子提倡「弭兵」的主觀臆想。議論是頗爲精闢的。

另一方面，作者又明確指出：戰爭既是一個變化多端的「詭物」，也是一個危國憂主、耗費資財的「禍根」。即所謂「夫兵事者，危物也」（〈問〉），「危國憂主，莫速於兵」，「貧民傷財，莫大於兵」（〈法法〉），「一期之師，十年之蓄積殫；一戰之費，累代之功盡」（〈參患〉）。正因爲如此，所以，對於戰爭之事，不可不愼重謀慮。

需要謀慮的主要內容有哪些呢？

一、要謀「時」：首先，要謀「時」，識時務者爲俊傑。識時務，也就是審時度勢。治政之要，在於識時，治兵之事，尤其如此。〈霸言〉說：「聖王務具其備，而愼守其時。以備待時，以時興事，時至而舉兵。」這裡，說得很明確，「舉兵」務必要審時。〈霸言〉又說：「強國衆，合強以攻弱，以圖霸；強國少，合小以攻大，以圖王。」這裡，說得也很明確，「舉兵」務必要度勢。就是說，看清形勢，把握時機，時至而舉，是用兵之事的首要一環。〈七法〉說：「明於機數者，用兵之勢也。大者時也，小者計也。」說的也是這個意思，即言用兵作戰，至爲重要的是識於時務，明於戰機。至於作戰方略，出擊計畫，尚屬其餘。

二、要謀「義」：其次，要謀「義」，義者，宜也。出師欲「宜」，必須有名。從周平王元年（西元前七七〇年）東遷，至周釐王三年（西元前六七九年）齊桓公始霸，歷時九十一年。在這九十一年當中，周天子地盤日益縮小，實力逐漸衰微，「共主」已是名存實亡。中原諸侯自相攻伐，天下處於兼併擾攘的戰亂之中。夷狄的勢力乘機擴張，侵擾中原。齊桓公即位之後，何以竟能「九合諸侯，一匡天下」呢？原因之一，就是管仲爲他找到了一面「尊王攘夷」的旗幟。當年的諸侯，都是由周天子所分封，尤其是鄭、衛、魯、宋諸國，或爲王室近親，或者爵位顯赫，因而「共主悉臣」的名義，尚能維繫大局。在這戰亂頻仍、夷狄紛擾的圖存關頭，齊桓公打出「尊王攘夷」、共同對付荆楚、戎狄之威脅的旗號，自然容易爲中原各國所接受。凡有征戰，也自然能迅速收到「挾天子以令諸侯」，以會盟爲手段而爭取與國、壓制強手的效果。

所謂師出有名，也就是指出兵作戰要順「禮」合「義」。〈七法〉說：欲「成功立事，必順於禮義」，「不禮不勝天下，不義不勝人」。「禮」，指符合原則，正義在手，即〈心術上〉所說：「故禮者，謂有理也。」「義」，指舉措得宜，順乎人心。如果不分析當時的具體形勢，不考察當時的具體條件，違「禮」背「義」，動輒戰爭相尋，干戈是務，即使一時取勝，終將造成政權危亡。〈重令〉說：「地大國富，人衆兵強，此霸王之本也，然而與危亡相鄰也。」又說：「天道之數，至則反，盛則衰。」其意都在強調不可恃兵強勢盛而輕於用兵，恣意妄爲。這正是《管子》作者總結周王朝肆意征伐，最終導致由盛而衰的歷史經驗之後，對當時執政者所提出的嚴重忠告。

「若夫地雖大，而不併兼，不攘奪」，「兵雖強，不輕侮諸侯，動衆用兵，必爲天下政理，此正天下之本而霸王之主也」（〈重令〉）。這裡，作者進而強調，動衆用兵，若不是爲了兼併別國疆土，不是爲了掠奪他人財物，而是爲了安定天下大局，這才是匡正天下的根本。這樣的用兵之舉，才是順「禮」合「義」，師出有名。〈小匡〉載：齊國甲兵已足，桓公按照管仲建議，「從事於諸侯」，依靠毗鄰各國，南伐「以魯爲主」，西伐「以衛爲主」，北伐「以燕爲主」，一律「反其侵地，正其封疆」，使得「四鄰大親」。而後「東救徐州」，「南據宋鄭征伐楚」，「中救晉公」，「北伐山戎」，「西征攘北狄之地」，「故兵一出而大功十二」，「東夷、西戎、南蠻、北狄，中原諸侯，莫不賓服」。「故兵車之會六，乘車之會三，九合諸侯，一匡天下」。〈小匡〉所記述的當年管仲輔佐桓公用兵的這些情況，作者認爲正是出師順「禮」合「義」的範例。

三、要謀「策」：兵爲「詭物」，所需謀畫的內容甚多。所謂「愼謀」，既需審時度勢，亦需謀慮方策。計必先定而後出兵，方可指揮若定。「失謀而敗，國之危也」（〈問〉），君主和將帥不可不愼之又愼。〈霸言〉說：「夫爭強之國，必先爭謀，爭形，爭權。」意謂諸侯各國爭強競勝，首先就是看誰善於謀畫，看誰能夠掌握天下局勢，看誰能夠集中權力於自身，即所謂「挾天子以令諸侯」。「精於謀，則人主之願可得，而令可行也；精於刑，則大國之地可奪，強國之兵可圉也；精於權，則天下之兵可齊（『齊』通『翦』），諸侯之君可朝也」（〈霸言〉）。這裡所謂「精於刑」、「精於權」，其實也都是精於戰略謀畫的體現。唯其如此，方能翦除頑凶，「九合諸侯，一匡天下」。所以，王者之術，就是舉事「必先定謀慮，便地形，利權稱，親與國」，然後「視時而動」（〈霸言〉）。王者之舉，就是「小征而大匡（『匡』通『恇』，畏懼；謹愼），不失天時，不空地利，用日維夢，其數不出其計」（〈參患〉）。其所以即使是對待小小一戰，也要極度謹愼，白天的行動計畫，前一天晚上就要思慮周詳，力爭一舉一動不失天時，不失地利，各項措施都不超出原定謀畫，就是因爲用兵既是「詭事」，又是「危事」，必須愼而又愼。因而就「謀」與「行」之間的關係而言，其正確處理的原則應該是「計必先定而兵出於竟（境）」。若是反其道而行之，來個「計未定而兵出於竟」，則必然是「戰之自敗，攻之自毀者也」（〈參患〉）。

常言說：「謀事在人，成事在天。」說者往往暗含無可奈何之意。若是滌去這層塵埃，那麼，其義即爲謀事在於自我所爲，成事在於外部條件。外部條件是個客觀實在，我們如果能夠全面地認識它，正確地利用它，待時而舉，順勢而興，事之成敗也就在於自我所爲了。《管子》關於「欲戰必先愼謀」的論述，多屬此類，實爲可貴。

欲戰必先足備

一、要儲備糧食：地大國富，人衆兵強，是建立霸王之業的根本條件。而欲國富、兵強，又離不開重農、多粟。〈權修〉說：「地之守在城，城之守在兵，兵之守在人，人之守在粟。」〈八觀〉說：「民飢者，不可以使戰。」〈治國〉說：「凡爲國之急者，必先禁末作文巧。末作文巧禁，則民無所游食；民無所游食，則必農。民事農則田墾，田墾則粟多，粟多則國富，國富者兵強，兵強者戰勝，戰勝者地廣。」這些論述，道理說得很明白，飢民不可使之出戰，欲守護疆土，戰勝敵國，必須粟多糧足。國「有蓄積，則久而不匱」（〈兵法〉），手中有糧，則心中不慌，攻守進退，就都没有掣肘之慮。所以，《管子》作者十分重視發展農業，十分重視增加糧食生產。

爲了推行重農、重粟的政策，齊國曾實行「均地分力」（〈乘馬〉）、「案田而稅」等措施，將「公田」變爲「分地」，按照田地肥瘠情況有差別地收取租稅，調動了農民的生產熱情，促進了農業的發展，有效地增加了糧食儲備，保證了用兵、征伐的需要。

二、要積蓄資金：戰爭的消耗是財力的全面消耗。欲用兵作戰，除了必須有充足的糧食儲備之外，還必須有充足的資金積蓄。管仲治齊，注重發展農業的同時，也曾著力推行發展工商之業的政策。據〈小匡〉記載，管仲曾「制國以爲二十一鄉：商工之鄉六，士農之鄉十五」，直屬中央朝廷管理，目的就在於通過「定民之居」而「成民之事」。讓從事工藝勞作的人居處靠近「官府」，讓從事商業活動的人居處靠近「市井」，給他們提供一個便於從事工商活動的場所。並叫他們分行業「群萃而州處」，讓從事工藝勞作的人們不但彼此之間便於「相語以事，相示以功，相陳以巧，相高以智事」，而且一家之內，也便於「教其子弟」，使這些子弟「少而習焉，其心安焉，不見異物而遷焉」；讓從事商業活動的人們不但彼此之間便於「相語以利，相示以時，相陳以知賈（『賈』通『價』）」，而且一家之內，也便於「教其子弟」，使這些子弟「少而習焉，其心安焉，不見異物而遷焉」：其用意就在給工商之民創造一個便於切磋琢磨，積累經驗，承傳世業，精益求精的良好環境。這種「行業區域」，既是一所「專業大學」，又是一個「競技」場所，對於推動工、商諸業的發展，無疑是一個有力的促進。

齊國本富漁、鹽之利，工藝、冶鐵諸業也甚有基礎。桓管時代，朝廷提倡對外開放，鼓勵對外貿易，促進了漁、鹽、工藝及鐵業生產的迅速發展。這類產品不但滿足了國內市場的需要，而且暢銷於中原各國。農、工、商業相互促進，齊國便在較短的時間內，積累了大量資財，國庫空前殷實。

三、要備足兵源：欲戰既需有雄厚的財力，又需有充足的兵源。力爭富國的同時，管仲施行「作內政而寓軍令」的措施，著力解決兵源問題。〈小匡〉載，他把齊國分爲二十一個鄉，除了六個商、工之鄉以外，其餘十五個鄉，都安排士、農居處，世代亦農亦兵。「制五家以爲軌，軌爲之長。十軌爲里，里有司。四里爲連，連爲之長。十連爲鄉，鄉有良人」。就平時而言，「軌」、「里」、「連」、「鄉」，都是基層行政組織，「軌長」、「有司」、「連長」、「良人」，都是基層單位的行政長官。到了戰時，則「五家爲軌，五人爲伍，軌長率之。十軌爲里，故五十人爲小戎，里有司率之。四里爲連，故二百人爲卒，連長率之。十連爲鄉，故二千人爲旅，鄉良人率之。五鄉一帥（『帥』，統帥。原文爲『師』，據《國語·齊語》改。下同），故萬人一軍，五鄉之帥率之」。就戰時而言，「軌」、「里」、「連」、「鄉」，便成了軍事組織，「軌長」、「有司」、「連長」、「良人」，就是帶兵作戰的長官。「三分齊國，以爲三軍」，「五鄉之帥」，就是各軍統帥。桓公親率「中軍」，高子、國子各率一軍。這種軍隊，農時務農，閒時訓練，戰時打仗，既可創造物質財富，又可節省「養兵」開支。而且因爲是鄉鄰「卒伍之人，人與人相保，家與家相愛，少相居，長相遊，祭祀相福，死喪相恤，禍福相憂，居處相樂，行作相和，哭泣相哀。是故夜戰其聲相聞，足以無亂；晝戰其目相戰，足以相識。歡欣足以相死。是故以守則固，以戰則勝」。這種「寓兵於政」、耕戰結合的措施很高明，既解決了兵源問題，又可使「政成國安」，而且因爲官兵關係融洽、兵兵關係密切而增強了部隊的戰鬥力，「有此教士三萬人，以橫行於天下，誅無道，以定周室，天下大國之君莫之能圉也」。

四、要充實裝備：兵源問題解決之後，隨之而來的，就是充實裝備。缺少裝備，徒手拒敵，固然不能取勝；有了裝備，如果質量粗劣，也是難於制勝強敵的。〈制分〉說：「器備不行，以半擊倍。」〈地圖〉說：「兵不完利，與無操者同實；甲不堅密，與俴者同實；弩不可及遠，與短兵同實。」「器濫惡不利者，以其士予人也。」二者所論，都在強調需注重裝備。如果戈矛不完利，等於沒有戈矛；戰甲不堅密，等於單衣無甲；弓箭不能射遠，等於持短兵而迎戰遠敵。總之，雖有器械，如果「濫惡不利」，都等於把兵員拱手送給對方。

如何才能充實裝備呢？〈中匡〉、〈小匡〉等篇提出了「寄軍令於內政」、「薄刑罰以厚甲兵」的辦法。〈中匡〉提出的原則是：「死罪不殺，刑罪不罰，使以甲兵贖。」提出的具體辦法是：「死罪」用犀牛皮甲加上一支戟來贖，「刑罪」用護脅的盾加上一支戟來贖，犯有過失，則罰金一鈞，無理取鬧，則罰箭一束。〈小匡〉提出的具體辦法大同小異，「制重罪」，交納武器、盔甲、犀皮的脅驅和兩支戟；「制輕罪」，交納兵器架、盾牌、胸甲皮，再加上兩支戟；「制小罪」，交納金屬一鈞半；寬有「薄罪」，只交納金屬半鈞。對於沒有冤屈而無理訴訟，且經官長再三勸禁而不聽的，則需交納一束箭，以示懲罰。齊國實施這種從輕處罪、用盔甲兵器抵償贖金的辦法，對充實裝備起了重要作用。

五、要加強訓練：裝備是物，使用者是人。良好的裝備欲發揮預期的作用，還需對使用者加強訓練。〈參患〉說：若是「射而不能中」，則雖有利箭，也「與無矢者同實」；若是「中而不能入」，則雖能射中目標，因爲沒有殺傷之力，也「與無簇者同實」；若是率領未經訓練的「徒人」上陣，則與自相殘殺「同實」；若是士卒不知道根據不同的情況而使用不同的武器，持「短兵待遠矢」，則「與坐而待死者同實」。與此相反，若是「一器成，往夫具，而天下無戰心；二器成，驚夫具，而天下無守城；三器成，游夫具，而天下無聚衆。所謂無戰心者，知戰必不勝，故曰無戰心；所謂無守城者，知城必拔，故曰無守城；所謂無聚衆者，知衆必散，故曰無聚衆」。這段論述，將士卒的素質與武器的質量的巨大作用說得十分明白：勇往直前的士卒，加上一種精銳的武器，天下便沒有敢於戀戰的敵手；知慧驚人的士卒，加上兩種精銳的武器，天下便沒有可以據守的城池；神出鬼沒的士卒，加上三種精銳的武器，天下便沒有集兵迎戰的國家了。《管子》作者認爲，訓練有素的士卒有如猛虎，精良的武器裝備有如兩翼，猛虎添翼，則所向無敵。而這二者之中，人的因素又是第一位的，所以，凡論兵事，「必先論其器，論其士，論其將，論其主」：「器濫惡不利者」，等於「以其士予人」；「士不可者」，等於「以其將予人」；「將不知兵者」，等於「以其主予人」；「主不積務於兵者」，等於「以其國予人」。將士卒、將帥、君主乃至國家拱手送人這一嚴重狀況的造成，就是因爲武器裝備落後，士卒訓練不精，將帥不懂用兵之道，君主不注重研究軍事的惡果。

六、要安定政局：欲戰有備，〈小匡〉還提出了一個必須把國內的事情辦好，使政局安定的問題。說：五屬大夫必須治好「屬」，「屬」必須治好「連」，「連」必須治好「鄉」，「鄉」必須治好「卒」，「卒」必須治好「邑」，「邑」必須治好「家」，做到「匹夫有善，可得而舉；匹夫有不善，可得而誅」。風清俗正，才能「政成國安」。政成國安，才能「以守則固，以戰則強」。國內安定，百姓團結，便「可以出征四方，立一霸王矣」。

七、要友好近鄰：欲求國家安定，也須確保邊境安寧。《管子》作者主張「布德諸侯」，友好四鄰。〈霸言〉說：「欲用天下之權者，必先布德諸侯。」〈樞言〉說：「不以勇猛爲邊竟（境），則邊竟安；邊竟安，則四鄰親；鄰國親，則舉當矣。」據〈小匡〉記載，齊國曾幫助杞、燕、刑、衛「立國存祀」，曾幫助鄭國抵禦荆楚侵凌，還曾主動歸還了在爭霸過程中所侵占的四鄰之國的疆土：南面歸還了魯國的「常、潛」二邑，西面歸還了衛國的「吉臺、原、姑與柒里」四邑，北面歸還了燕國的「柴夫、吠狗」二邑。這些舉措，效果很好，齊國很快地得到了周邊國家的信任和親善。

八、要鞏固邊防：建關設塞，加強邊防，也是保障邊境安寧之舉。春秋時代，由於爭霸兼併戰爭的需要，諸侯大國依據險要地形，均在各自的邊境建立關塞。楚有冥阨、大隧、直轅、昭關，晉有桃林，齊有徐關、陽關，皆以守固難犯而名於當時。「關者，諸侯之陬隧也，而外財之門戶也，萬人之道行也」（〈問〉）。關塞既是對外貿易的門戶及與各國進行政治、文化交往的通道，又是保衛國家安全的前沿陣地，因而常年設置「候人」之官，以掌管邊防警備，設置「行人」之官，以掌管邊境涉外交際，設置「關尹」之官，以掌管貨物進出口稅收。關塞既已內關國是，外涉邦交，維繫國家安全之所在，所以必須經常與國都保持密切聯繫。「三十里置遽」（〈大匡〉），即每隔三十里，設置驛站，配備傳車，以供傳遞信息。「夫邊日變，不可以常知觀也」（〈侈靡〉）。平時，國家派「游守」以巡邏，令「詭禁」以偵緝，設烽燧以待報警。一旦邊關有急，晝則燔燧，夜則舉烽，驅馳傳車，以告警急，君主即派遣軍隊，奔赴邊關，保衛邦國安寧。

有備才能無患，備足而後主動。對此，《管子》的論述是十分明確的。

欲戰必先精兵

一、要主明、相智、將能：慎謀，備足，固然重要，但還只是制勝的基礎。欲制勝敵人，決定的因素則是軍隊成員的素質。〈地圖〉說：大凡用兵，一定要具備「主明、相知、將能」這三個條件。即君主明確整個戰爭的意向，國相瞭解全軍將帥的才能，將帥盡知所部的兵力與裝備。規定「出令、發士」日期，並限期予以實現；預先決定「所征伐之國」；使群臣、大吏、父兄、便辟左右不敢妄議成敗，以免擾亂軍心：這是君主的職責。「論功勞，行賞罰，不敢蔽賢有私；

行用貨財，供給軍之求索，使百吏肅敬，不敢懈怠行邪」，嚴肅對待君令，實現君主意圖：這是國相的任務。整頓裝備，選拔戰士，施行訓練，編制部伍，瞭解敵情，掌握戰機：這是將帥的職事。「主明、相知、將能」三者結合，形成一個統一的整體，決策與指揮就有了可靠的保證。

二、要士卒忠於君國，英勇善戰：欲求制勝，還需選用忠於君國之民作爲士卒。〈九變〉說：凡是能「守戰至死」而不對君主自居有德的士卒，必然有其自身的原因：或者是因爲父母墳墓所在，而且這個地方「田宅富厚」，足以安居樂業；或者是因爲州縣鄉里與宗族的情誼誠摯，令人感懷親慕；或者是因爲君主在教訓、習俗方面，愛民厚篤，而這樣的條件，別處無可尋覓；或者是因爲「山林澤谷之利」，足以維持一家生計；或者是因爲「地形險阻，易守難攻」，有恃無恐；或者是因爲刑罰嚴厲，心生畏懼，不敢棄陣倖存；或者是因爲獎賞明正而備覺鼓舞；或者是因爲對敵人有深仇大恨；或者是因爲曾經對君主有過重大功勞，思想基礎良好。這九項，就是考察士卒思想政治素質的九項條件。參照這些條件選擇士卒，就不至於「恃不信之人」，「用不守之民」，「將不戰之卒」。這樣，取勝才有保障。

但僅有這個因素還不夠。勇於獻身，敢於作戰，還須善於作戰，士卒還必須具有良好的技術素質。因此，軍事訓練也就成了十分重要的課題。〈兵法〉提出了「三官」、「五教」、「九章」，作爲士卒必修的課目。所謂「三官」，「一曰鼓」，「二曰金」，「三曰旗」。「鼓」是指揮出戰，指揮進攻，指揮衝鋒的信號；「金」是指揮防守，指揮退兵，指揮休戰的信號；

「旗」是指揮出發，指揮節制，指揮抑止的信號。所謂「五教」：「一曰，教其目以形色之旗；二曰，教其耳（『耳』，原文爲『身』，據洪頤煊說改）以號令之數；三曰，教其足以進退之度；四曰，教其手以長短之利；五曰，教其心以賞罰之誠。」所謂「九章」：「一曰，舉日章則晝行；二曰，舉月章則夜行；三曰，舉龍章則行水；四曰，舉虎章則行林；五曰，舉烏（『烏』，原文爲『鳥』。郭沫若說：『「鳥章」，古本作「烏章」，較長。蓋僅言烏章，不知爲何鳥。』）章則行陂；六曰，舉蛇章則行澤；七曰，舉鵲章則行陸；八曰，舉狼章則行山；九曰，舉韟章則載食而駕。」這些，都是軍事訓練的基本功。有了「三官」之令，兵法就能發揮作用；「五教」熟練，士卒就有了作戰勇氣；「九章」確定之後，部隊的行止就不會發生差錯。簡而言之，戰鬥力，就是士兵加裝備。「器成教施，追亡逐遁若飄風，擊刺若雷電」。裝備精良，訓練有素，這樣的軍隊，追逐逃兵遁卒，就能像飄風一樣迅疾，擊殺敵軍，就能像雷電一樣猛烈，勢不可擋了。

三、要依法治軍：兵欲精，在於治。《管子》論「治軍」，如同論「治民」一樣，十分強調依法而治。〈兵法〉說：「戰而必勝者，法度審也。」「法度審，則有守也。」法度不審，隨人而治，則無可遵循。唯有「制法儀，出號令，然後可以一衆治民」。〈立政〉說：「法避親貴，不可使主兵。」就是說，「主兵」者必須嚴格執法，不避親貴，不苟私情。對於「治軍」而言，法度的具體體現是什麼呢？是〈重令〉所指出的先王治國的三項利器，即「號令也，斧鉞也，祿賞也」。「非號令毋以使下，非斧鉞毋以威衆，非祿賞毋以勸民」。若是有功必賞，有罪必誅，號令明，斧鉞嚴，祿賞重，則能「遠近一心；遠近一心，則衆寡同力；衆寡同力，則戰可以必勝，而守可以必固」。

就「斧鉞」與「祿賞」而言，〈輕重甲〉尤其強調後者，認爲重賞之下，必有勇夫。「湩然擊鼓」，士卒便會憤然而起；「鎗然擊金」，士卒便會肅然而止；再以戰鼓激勵，士卒又會「輿死扶傷，爭進而無止」，戰鬥得口角流沫，手滿傷痍，也仍然會奮勇向前。這並非「大父母之仇也」，而是「重祿重賞之所使也」。有了重祿重賞，將士就可以不怕離鄉遠征，而威震「絶域之民」；就可以不畏山川險阻，而征服「有恃之國」，「發若雷霆，動若風雨，獨出獨入，莫之能圉」。《管子》論述「治民」，十分強調「令順民心」，這種視「祿賞」更重於「刑罰」的觀點，同樣也是「令順民心」的體現。

《管子》論「兵」的高明處

綜上所述，可以看出《管子》作者對於戰爭制勝諸多因素的探討，是相當深刻而全面的。從全局而言，不但指出了戰爭必合於「理」、「義」，必賴於雄厚的經濟實力及隱兵於田、寓兵於政、耕戰合一等一整套相關制度與政策的保證，而且強調了制勝有賴於將士素質及武器裝備。從人的因素這一角度而言，不但通盤論述了兵精、士勇、將賢、相智、主聖等衆多方面的因素，都是制勝的必要條件，而且著重強調了最高指揮者必須全面掌握「爲兵之數」，把「聚財」、「論工」、「制器」、「選士」、「政教」、「服習」、「遍知天下」、「明於機數」（〈七法〉）諸項事宜作得「天下無敵」，方能有「制勝」把握。重視人的主觀能動作用，而不忽視武器之類等必要的物質條件；強調戰爭的正義性，而不忽視與敵方作人力、物力、財力的全面較量；強調遵循客觀規律辦事，而尤其重視決策者、指揮者的創造性作爲。凡此種種，都是《管子》軍事思想的高明處。

《管子》的自然科學思想

《管子》中論及自然科學思想的篇幅不少，涉及的內容相當廣泛。諸如天文、曆法、農耕、林、木、鹽、鐵、水利、土壤、城建、樂律等等，幾乎均有闡釋。在諸子百家之中，這也是很有特色的。

務「本」須重農時

《管子》在總結農業生產的經驗方面，除了強調政策措施、經營管理之外，就是強調注重農時。可以說，每談治政，必談農事，每談農事，必談農時。〈五行〉所謂聖人當「作立五行，以正天時」，〈立政〉所謂君主必「審時事」，〈權修〉所謂治政「不可緩於時事」，莫不如此。〈四時〉、〈幼官〉、〈幼官圖〉諸篇所謂君主行政，必有時令之分，不能淆亂；必「知四時」，「不知四時，乃失國家之基」（〈四時〉），也主要是就農事而言。〈四時〉說得非常明確：春時農事爲「治堤防，耕芸樹藝，正津梁，修溝瀆」，夏時農事爲精心耕作，促成「五穀百果」豐登，秋時農事爲「聚收」、「畜積」，冬時農事則爲「閉藏」；君主倘若不奪農時，依時行事，便有可能達到「所求必得」，「國家乃昌」的良好效果。

《管子》作者認爲，這個「時」是很重要的。「不務天時，則財不生」（〈牧民〉），「今日不爲」，則「明日亡貨」（〈乘馬〉）。這個「時」，也是很寶貴的，運行不止，「不可藏而舍也」，逝者如斯，「昔之日已往而不來矣」（〈乘馬〉）。因而「務地」貴在「不違農時」，貴在依照自然規律，有效地利用氣候、雨水、地力等自然條件來爲農耕服務。對於向以「因農立國」而著稱於世的中國，這條經驗以及由此經驗而揭示出來的遵循客觀規律辦事的科學態度，至今爲人們所珍視。

農耕必賴水利

就農耕而言，有收無收在於水。《管子》對於水利問題，闡釋甚詳。〈立政〉、〈四時〉、〈水地〉、〈度地〉諸篇，均有論及。〈水地〉說：「水者，地之血氣，如筋脈之通流者也。」「萬物莫不以生。」因而是「萬物之本原也，諸生之宗室也」。〈立政〉說：「決水潦，通溝瀆，修障防，安水藏，使時水雖過度，無害於五穀。」「司空之事也。」這些，雖只是片言短語，卻十分簡要地闡明了水於農耕的極端重要性及水利官員應守的職責。

水利有待修治

〈度地〉所論，則更爲全面詳盡。全文從都邑建設的地理條件，而言及水、旱、風霧雹霜、厲蟲「五害」，由「五害」而重點論及治水，提出了一套頗爲完整而具體的治水方案。作者首先指出：「五害之屬，水最爲大。五害已除，人乃可治。」闡明了水害的嚴重性和治水的必要性。而後將灌溉水源作出明確分類，指出「水有大小，又有遠近。水之出於山而流入海者，命曰經水；水別於他水，入於大水及海者，命曰枝水；山之溝，一有水一毋水者，命曰谷水；水之出於地（原文爲『出於他溝水』，據王念孫說校改），流於大水及海者，命曰川水；出地而不流者，命曰淵水」。作者如此將地表水按其來源和流經情況，區分爲幹流、支流、溪流、人工河與湖澤，目的是爲了便於指導採取工程措施，合理利用水源，「因而利之」，「因而扼之」，使之按照人們的願望爲發展農田灌溉及內河航運服務。

如何使得河川諸水能隨人意，東西南北，高下常流呢？〈度地〉說：「夫水之性，以高下則疾走，至於漂石；而下向高，即留而不行。故高其上，領瓴之，尺有十分之，三里滿四十九者，水可走也。乃迂其道而遠之，以勢行之。」意謂水的特性，從高往低流就快，以至於可以沖走砂石；若從低處向高處，便滯留而不行。所以，把上游水位提高，用瓦溝瓦管引導下來，將一尺十分爲寸，倘在三里流程之內，將渠底降落四十九寸，渠水就可以急流了。然後再引水迂迴流往更遠的地方，「低水」就可以借勢流向高處了。這段文字，作者闡述的是自流引水式渠道縱坡的設計原則。其時「六尺爲步」（《史記・秦始皇本紀》），「三百步爲里」（《大戴禮記》），一里等於一千八百尺。「三里滿四十九」，即近似於一千一百分之一的坡降。在當時的條件下，只有採用如此偏大的坡降，低處水流才會沿著主渠、順著地形地勢繞道遠颺，「扼而使東南西北」而流往高處，並通過渠道網絡將灌溉用水按需要分配到田間。

〈度地〉又說：「水之性，行至曲，必留退，滿則後推前。地下則平行，地高即控。」這段文字所描述的，當是通常所說的倒虹吸現象。「行至曲」，即指渠水從一端注入向下彎曲的倒虹吸設施；「必留退」，即指渠水在灌滿倒虹吸設施時，整個渠道水流呈現出暫時「留退」狀況；直至整個倒虹吸設施灌滿以後，渠水才能「後推前」地從另一端流出。「地下則平行」，即指渠水通過倒虹吸設施時，其水流能量必然會有一些損失，因而倒虹吸設施的進口一定要高於出口，渠水才會順利通過。如果出口「地高」，渠水便會受到控扼而無法流出。

〈度地〉又說：「杜曲則擣毀。杜曲激則躍，躍則倚，倚則環，環則中，中則涵，涵則塞，塞則移，移則控，控則水妄行。」這段文字很精彩、很巧妙地用聯綿修辭之法，將修築渠道時應當避免的兩種頗爲複雜的破壞水流現象，描述得清清楚楚。第一，指出渠道平面應當避免彎曲度過大。「杜曲則擣毀」，是說如果拐彎過急，水流便會衝毀堤防。第二，指渠道縱剖面應當避免局部突然升降。「杜曲激則躍」，是說如果升降懸殊過大，便可能出現水躍現象。水躍現象一旦發生，主流漩渦便將藉勢加大，即「躍則倚」；兩旁迴流便會沖蝕土質堤岸，即「環則中」；激流含帶大量泥沙，到了平緩渠段，泥沙沈積，愈積愈多，堵塞渠道，渠水無法通過，以致造成「妄行」亂突、衝決堤岸、反利爲害的惡果。

如上短短三節文字，〈度地〉作者不但設計了渠道設施的形式，提供了施工圖樣的比例，描述了「水躍」和「環流」的形態，指出了「水躍」和「環流」可能造成的破壞，而且初步歸納出了明渠流和有壓流的運動規律和特點。而這竟然是出現在兩千多年以前的水力學論述，不能不令人歎服。

興修水利，何時施工最爲相宜？〈度地〉說：「春三月，天地乾燥，水糾列之時也。山川涸落，天氣下，地氣上，萬物交通。故事已，新事未起，草木荑生可食。寒暑調，日夜分，分之後，夜日益短，晝日益長。利以作土功之事。土乃益剛。」就黃河流域一帶的氣候特點，作者提出夏曆春天是趕修堤防的最好季節：一是「天地乾燥」，土質堅實；二是「故事已，新事未起」，時處農閒；三是「山川涸落」，河水枯竭，便於從河床中取土，用以築堤。所謂「春冬取土於中，秋夏取土於外」，既可疏浚河床，又可節約堤外土源，留作夏秋防汛備用。這個一舉數得的施工原則，至今仍在沿用。

其餘三個季節，何以「不利作土功之事」呢？「當夏三月」，正值農忙，若作「土功」，則妨農事。「當秋三月」，「山川百泉踴，降雨下」，「土弱難成」，「不利作土功之事」。「當冬三月」，「不利作土功之事，利耗十分之七，土剛不立」。

以上所說「利」與「不利」，主要是從兩個方面來看問題：一是看勞動力是否容易調集，農忙則難，農閒則易，宜以農事爲準；二是看土質——土料的含水量是否適宜，取土施工是否可以減少排水之煩，節省時日，宜以質量、效率爲準。其要義就是農事第一，質量第一。作者考慮問題的宗旨是非常明確的。

浚河築堤，欲求堤防穩固，除了土料的含水量必須適宜之外，堤防的橫斷面形狀以及邊緣坡度也應合理，因爲任何土料工程都有其維持穩定所必需的邊坡。對此，〈度地〉作者已經頗有認識，明確提出堤防橫斷面的形狀應是「大其下，小其上」的梯形，只可惜沒有記載這「梯形」兩腰的坡度。

〈度地〉還提出了在不宜種植作物的鹽鹼窪地開闢洩洪區的問題，說：「地有不生草者，必爲之囊。大者爲之堤，小者爲之防。夾水四道，禾稼不傷。歲埤增之，樹以荊棘，以固其地。雜之以柏楊，以備決水。」這種設施，旱時可以蓄水，雨季可以洩洪，「民得其饒，是謂流膏」。不但其蓄洩並舉、常備不懈的治水方針至今沿用，即如堤防種樹，既可鞏固堤身，又可爲防汛搶險提供埽料的這個一舉兩得的好辦法，也至今行之有效。

爲政之要，務在得人。〈度地〉提出應當選拔對水利工程技術熟悉的人員擔任「水官」，「大夫、大夫佐各一人，率部校長官佐各財足，乃取水官（原文無『官』字，據豬飼彥博說補）左右各一人，使爲都匠水工，令之行水道、城郭、堤川、溝池」，「當繕治者，給卒財足」。事有專官，官有專責。「常令水官之吏，冬時行堤防，可治者，章而上之都。都以春少事作之。已作之後，常案行。堤有毀作，大雨，各葆其所，可治者趣治，以徒隸給。大雨，堤防可衣者衣之，衝水，可據者據之。終歲以毋敗爲效」。經常巡察堤防，善於發現問題，及時解決問題，這就是水官的職責。

對於組織施工隊伍和準備修堤工具等等，〈度地〉也有記載。具體措施是仿照服兵役的辦法按人口比例，按田畝多少，從百姓中抽調勞力，並根據勞力組合的需要，自備工具。連防汛用的柴草和埽料，也需落實到戶，預爲徵集。

總之，〈度地〉一文，對於灌溉水源如何分類，如何確定治水季節，如何修建引水渠道，如何選拔治水官員，如何組織治水勞力，如何徵集治水器材，如何保護壩基、堤防等等，皆有論及。其中對於土料的工程特性與填築質量的關係的認識，對於有壓管流的「水之性」的認識，對於渠道設計應選擇合適的縱向坡度、橫斷面形狀、彎道角度的認識，以及作者所提出的蓄洩兼顧、常備不懈的治水方針，給後世治水者啟迪尤深。〈度地〉堪稱爲一篇甚有學術價值的治水專論。

土壤與作物分類

對於土壤與農作物的認識和分類，《管子》比《尚書‧禹貢》和《周禮》等，又有了較大的前進。〈地員〉指出「九州之土，爲九十物」，並將土壤分爲上、中、下三等十八類。其中「上土」六類，爲「粟土」、「沃土」、「位土」、「蘟土」、「壤土」、「浮土」；「中土」六類，爲「怸土」、「纑土」、「壏土」、「剽土」、「沙土」、「塥土」；「下土」六類，爲「猶土」、「弤土」、「殖土」、「觳土」、「鳧土」、「桀土」。每類又都有青、黃、赤、白、黑五種，合計九十種。「凡上土三十物，種十二物」；「中土三十物，種十二物」；「下土三十物，種十二物」。所記糧食作物爲三十六種。畜產、果樹、林木等物的品種與產量情況，也都有記載。對土壤類別的分析，則兼顧到了土壤的肥力、保水透水性能、團粒結構、機械強度、生物狀況等諸多方面，堪稱前人所未有之舉。其描述之全面，分類之細密，實爲古代農家文獻所罕見。石一參贊譽此篇「於土性之等次，穀物草木之宜否，如數掌紋，眞東方哲理最古最完全最精要之地質史」，並謂「良非深入田間，詳稽土物，而又加以甚深微妙之學識者，不能道其一二也」（《管子今詮‧地員》）。細繹〈地員〉全文，此論誠不爲虛譽。

礦苗探礦法

《管子》對煮鹽、冶鐵諸業，也有論及。全書不但多次提到了鹽、鐵、黃金、珠玉的生產及其製品的使用與銷售情況，尤其記載了如何發現礦苗。這在同時代的著作中是頗爲罕見的。〈地數〉說：「上有丹沙者，下有黃金；上有慈石者，下有銅金；上有陵石者，下有鉛、錫、赤銅；上有赭者，下有鐵：此山之見榮者也。」所謂「山之見榮」，就是礦苗露了頭角。大凡黃金苗線，多與痴人金相雜。痴人金本呈黃色，在空氣中氧化後，則呈丹色，經雨水沖刷，遂成碎粒，所以說「上有丹沙者，下有黃金」。慈石，即爲長石，經雨水及空氣剝蝕風化，漸成碎土，再經植物酸化，消化其中雜質，即成爲淨磁土，多含銅、鉛、錫、銀等礦，所以說「上有慈石者，下有銅金」。這裡所說的「銅金」和前面所說的「黃金」，都是銅和鐵的硫化物。陵石，即有稜之石。凡火成石，均有角度，花岡石、長石等，均屬此類；此類石山多產錫、鉛、銅礦，所以說「上有陵石者，下有鉛、錫、赤銅」。赭，即赤土，俗名土珠。鐵礦未與空氣接觸時，呈深藍色。其表層鐵礦氧化之後，則變爲赭色。所以說「上有赭者，下有鐵」。這種根據礦苗與礦物共生或伴生的規律來勘測礦藏的辦法雖然因受直觀的局限，尚有諸多不便，但因其本身具有重要的實踐意義，並且多與現代科學相吻合，所以，作者能將其準確地加以總結並載諸典籍，仍然是很有貢獻的。這種礦物共生理論，在我國探礦史上一直被相沿採用，明代宋應星《天工開物》中就記載有這種實例。

《管子》對於地理，同樣有所論及。〈地員〉、〈地數〉二篇，論述尤爲集中。

地下水位與土壤植被的關係

〈地員〉一文，首先詳細論述了地下水位與土壤植被的關係。說：水位深度爲「五施」，即「五七三十五尺而至於泉」，土壤性質爲「瀆田息徒」（「息徒」即「息土」，指沃土。原文爲「悉徙」，據孫詒讓說改），所宜林木爲「蚖、菕與杜、松」，所宜草被爲「楚棘」，五穀「無不宜」，水質呈「倉」色；水位深度爲「四施」，即「四七二十八尺至於泉」，土壤性質爲「赤壚，歷強肥」，所宜林木爲「赤棠」，所宜草被爲「白茅與雚」，五穀「無不宜」，水質「白而甘」；水位深度爲「三施」，即「三七二十一尺而至於泉」，土壤性質爲「黃唐」，所宜林木爲「熏、榎、桑」，所宜草被爲「朮（原文爲『黍秫』，不宜列入『草』中，『黍』爲衍文，『秫』應爲『朮』，當涉下文『黍秫』而誤）與茅」，五穀「唯宜黍秫」，水質「黃而糗」；水位深度爲「二施」，即「二七十四尺而至於泉」，土壤性質爲「斥埴」，所宜林木爲「杞」，所宜草被爲「蕡、雚」，五穀「宜大菽與麥」，水質「鹹」；水位深度爲「一施」，即「七尺而至於泉」，土壤性質「黑埴」，所宜林木爲「白棠」，所宜草被爲「苹、蓨」，五穀「宜稻麥」，水質「黑而苦」。其次，則分兩個部分簡明地記載了地表植物垂直分布的情況。第一部分將不同海拔高度的地下水分別定名爲「縣泉」、「復呂」、「泉英」、「山之材」（尹知章注：「材，猶旁也。」）、「山之側」五種。並注意到了地下水位高度不同的地面上所生長的樹木各不相同：「縣泉」層所生長的，「其木乃樠」；「復呂」層所生長的，「其木乃柳」；「泉英」層所生長的，「其木乃楊」；「山之材」層所生長的，「其木乃格」；「山之側」層所生長的，「其木乃區榆」（「區榆」即刺榆，原文爲「品榆」，據王引之說校改）。第二部分則記述了不同高度的地層所生長的不同草本。即：「凡草土之道，各有穀造。或高或下，各有草土。葉下於虋，虋下於莞（『莞』原文爲『莧』，據王念孫說改。下句『莞』字同此例），莞下於蒲，蒲下於葦，葦下於雚，雚下於蔞，蔞下於荓，荓下於蕭，蕭下於薜，薜下於萑，萑下於茅」。這十二種草本，作者將其從高至低，分爲十二個生長層次，認爲各有其最好的歸趨處。

〈地員〉的這類分析，雖然不無粗略之感，但在世界自然地理學史上，仍然是處於領先地位的。

對土地總面積及其資源的估測

〈地數〉、〈輕重乙〉都曾談到土地總面積。〈地數〉說：「地之東西二萬八千里，南北二萬六千里。其出水者八千里，受水者八千里。」由此推算，可知天下總面積爲七萬二千八百平方里。「出水者」指山脈，「受水者」指河流湖泊，二者各約爲總面積的百分之十一。這類記載，反映了《管子》時代北方地區對天下大小的認識。

〈地數〉還談到了土地資源，說：「出銅之山四百六十七山，出鐵之山三千六百九山。」這當是根據已經發現的礦苗情況所作出的粗略估計，不會是，也不可能是當時已採掘的礦山的實錄。又說：「夫玉起於牛氏邊山，金起於汝漢之右洿，珠起於赤野之末光。」「楚有汝漢之金，齊有渠展之鹽，燕有遼東之煮。」這是指當時珠玉、黃金、食鹽的主要產地。其後多相沿不衰，可見其記載是相當準確的。

《管子》時代及其稍前稍後的一些地理著述，多有悶誕之辭、虛妄之語。〈地員〉、〈地數〉諸篇，卻從對國家資源的考察與利用出發，平平實實，加以記述和分析，開了一個良好的先例。可惜戰國以後，關於自然地理的研究，甚爲寥落，幾乎無人沿著這一方向繼續往前走。這不能不說是我國地理學史上的一大憾事。

記載最早的地形圖

此外，《管子》還述及了地形圖的情況。〈地圖〉一文，不但談到了地形圖在軍事活動中的重要作用，而且載明從圖上已經能夠看出山、川、「丘阜之所在」，能夠計算出「道里之遠近，城廓之大小」，可以使「行軍襲邑」「舉錯知先後，不失地利」。由此可知，當時已經有了頗爲準確的軍事地形圖，有了相當可觀的測繪水平。可惜當時的圖樣已經失傳，今天無從知道其地形的標識及地物的記載，究竟精確到了什麼程度。幸有一九七三年在湖南省長沙馬王堆三號漢墓中出土的三幅地圖，尚可幫助我們揣測《管子》所載地圖的輪廓。這三幅地圖，一幅是地形圖，一幅是駐軍圖，一幅是城邑圖，都是繪在帛上。圖上雖未注明圖名、比例尺及繪製時間，但從圖中所標地名及地圖是出於漢文帝十二年（西元前一六八年）下葬的墓來看，可以斷定是西漢所繪製。圖，以上爲南方，下爲北方。比例尺，根據推算，地形圖的主要部分是十八萬分之一，駐軍圖是八萬分之一到十萬分之一。這三幅地圖的繪製，距今至少已有二千一百餘年，是世界上現存最早的以實測爲基礎繪製的地圖。據此似可斷言，在世界地理學史上，《管子》關於地圖的論述和記載，自屬開創先例之舉。

曆法‧節氣‧星象

《管子》有不少篇章涉及了曆法。〈幼官〉、〈幼官圖〉、〈四時〉、〈五行〉等，都詳細記述了全年的物候、農事活動及朝廷頒行的與節令有關的政令等項，內容與《禮記·月令》十分相似。但對於時令的分法，則與〈月令〉完全不同，而與〈夏小正〉頗相一致，都是十月太陽曆的月令。人們稱之爲「齊月令」，這正揭示了它出自齊國文化傳統的特徵。

〈五行〉說：「作立五行，以正天時。」很明顯，這裡所說的「五行」，只與天時有關，只與季節有關，「五行」就是五個季節。「作立五行」的唯一目的，就是正天時，定季節。作者將一年分爲五個時段，每個時段爲七十二日，由年初至年末，使這五個時段與水、火、木、金、土相配。藉以區分季節，規畫時令，則正是在這種理論指導下的實踐。這種實踐，加上孫星衍在《尚書·洪範》疏中所引鄭康成謂「行者，順天行氣」、引《白虎通·五行篇》謂「言行者，欲言爲天行氣之義也」，以及《春秋繁露·五行相生》所謂「天地之氣，合而爲一，分爲陰陽，判爲四時，列爲五行。行者，行也。其行不同，故謂之五行」等等闡說，正可說明早期的「五行」即五時，即五氣。「行」謂行動，謂變化。亦即〈乘馬〉所謂「春秋冬夏，陰陽之推移也」。這個「推移」，就是藉助「五行以爲質」（〈禮運〉）。從其實際意義來說，〈五行〉就是供人們應用的五行行事曆書。至於後來將水、火、木、金、土運用到其他方面，則是人們對「五行」觀念的附會和發展。從這個意義上說，則完全可以認爲〈五行〉、〈幼官〉諸篇進一步揭示了「陰陽五行」與上古曆法的不可分割的關係。

〈幼官〉中五個本圖和五個副圖，計十個圖，正好與五行配陰陽合爲十個節氣相對應。〈幼官〉分一年爲三十節氣，即：地氣發、小卯、天氣下、義氣至、清明、始卯、中卯、下卯、小郢、絶氣下、中郢、中絶、大暑至、中暑、小暑終、期風至、小卯、白露下、復理、始節、始卯、中卯、下卯、始寒、小榆、中寒、中榆、寒至、大寒、大寒終，以十二天爲一個節氣，三十個節氣合計爲三百六十天，每個節氣都是依據當時的物候或氣象特徵，而給予特定的名稱。從節氣的實際時節來看，也正與五行相一致。可見〈幼官〉所載，正是陰陽五行的節令。二十四節氣，大約形成於戰國晚期。這一創舉，是我國科學史上的一項輝煌成就。若謂其前身爲〈幼官〉三十節氣，亦當爲不謬之論吧。

需要略加說明的是，前人雖然也注意到了《管子》中的一歲三十節氣的這一分法，但由於對十月太陽曆不甚瞭解，因而對此頗有微辭，認爲不合實用。其實，上古時曾使用的這個十月太陽曆，一個陽曆月正好爲三個節氣，十個月正好爲三十個節氣，簡明易記，使用方便，其科學意義和實用價值是不言而喻的。

〈幼官〉中還記載了與五行相對應的星象：中方黄后倮獸，東方青后羽獸，南方赤后毛獸，西方白后介獸，北方黑后鱗獸。這說明在中國古代，除了有與農曆四季相對應的四方星系統之外，還曾有與十月太陽曆五季相對應的五方星系統。〈幼官〉則正是準確地記載了這種五方星系統的最早文獻之一。

城郭建設的原則

《管子》對於都城建設的原則，也有簡明的論述。〈乘馬〉說：「凡立國都，非於大山之下，必於廣川之上。高毋近旱而水用足，下毋近水而溝防省。因天材，就地利，故城郭不必中規矩，道路不必中準繩。」〈度地〉說：「故聖人之處國者，必於不傾之地，而擇地形之肥饒者，鄉山，左右經水若澤，內爲落渠之寫，因大川而注焉。」又說：「天子中而處，此謂因天之材，歸地之利。內爲之城，城外爲之郭，郭外爲之土閬：地高則溝之，下則堤之。命之曰金城。樹以荆棘，以相穡著者，所以爲固也。」這些，就是《管子》關於建國立都時抉擇地理的總原則。這個原則的出發點，是要求凡立都興城，其規畫與布局，要有利於經濟、文化的發展，但首先必須服務於軍事的需要，必須受軍事的制約。〈八觀〉說：「大城不可以不完，郭周不可以外通，里域不可以橫通，閭閈不可以毋闔，宮垣、關閉不可以不修。」這是對於建城設施的具體要求。其目的主要是爲了既防外患，又防內亂。如果「大城不完，則亂賊之人謀；郭周外通，則姦遁踰越者作；里域橫通，則攘奪竊盜者不止；閭閈無闔，外內交通，則男女無別；宮垣不閉，關閉不固，雖有良貨，不能守也」。因而立都興城，安全爲首，其他均在其次。這種築城必須堅牢，街道宜少外通，城邑既要是人口聚集的經濟文化中心，又要近乎是軍事堡壘的理論，反映了古代城市建設的一般規律。這類關於建城問題的論述，是古代建城科學的總結，也是我們探討、研究古代建城歷史的鑰匙。

最早的樂律學

從自然科學的角度來看，《管子．地員》不但是一篇關於土壤與物產的專論，而且是最早的樂律學著述。對於五音的鑑賞和認識，〈地員〉有一段十分精妙的描述：

> 凡聽徵，如負豬豕覺而駭。凡聽羽，如鳴馬在野。凡聽宮，如牛鳴窌中。凡聽商，如離群羊。凡聽角，如雉登木以鳴，音疾以清。凡將起五音凡首，先主一而三之，四開以合九九，以是生黃鐘小素之首，以成宮。三分而益之以一，爲百有八，爲徵。不無有三分而去其乘（尹知章注：「乘，亦三分之一也。」），適足，以是生商。有三分，而復於其所，以是成羽。有三分，去其乘，適足，以是成角。

這段文字，先用形象的比擬之法，讓人們從家畜、山雞的鳴叫聲中對於音調的高低先有一個感性的瞭解，而後便從理性的高度，用準確的數據，把五音的音位、音高比例加以演算、闡明：

凡是要起奏五音風調，先確立一絃而作三等分，經過四次三等分的推演合成九九八十一之數，由此生成黃鐘小素的音調，便成爲宮聲。三除八十一而將其一分加在八十一上，便得一百零八，成爲徵聲。再將一百零八三等分而減去三分之一，正足七十二之數，由此而生成商聲。又將七十二作三等分，並用其一分加入七十二之數（得九十六），由此而生成羽聲。又將九十六作三等分，減去其三分之一，正足六十四之數，由此而生成角聲。這就是高明的「以絃定律」的三分損益法。其訣竅就是按振動體長度來進行律學計算：即將一個振動體的全長均分爲三段，取其三分之二，捨其三分之一，因謂「三分損一」；再將其三分之二均分爲三段，加其一段而成爲三分之四，因謂「三分益一」。依此類推，生成諸律。這樣，「三分損一」振動體所發之音高，便是全長所發之音的純五度；「三分益一」振動體所發之音高，又比原發音高五度：因而稱爲「五度相生律」。

這是關於我國古代樂律學的最早記載。「五度相生律」的數理律學，形成了中華律學的傳統理論，至少早於希臘畢達哥拉斯的「五度循環定律法」一個半世紀。「三分損益法」，則是世界上最早的樂律計算法。

總之，在中國科技史上，春秋戰國時期出現了古代科技發展的第一個高峰。《管子》關於自然科學的大量記載和論述，正是這高峰上的一束奇葩，呈現出光耀於後世的異彩。

附錄

《管子》名言選譯

《管子》名言甚多，可是播揚不廣。特予輯錄，並加語譯，以助流傳。

倉廩實則知禮節，衣食足則知榮辱。（〈牧民〉）

糧倉充實，人們就將懂得禮節，衣食豐足，人們就將懂得榮辱。

守國之度，在飾四維。（〈牧民〉）

鞏固國家政權的法則，在於整飭「四維」。

四維不張，國乃滅亡。（〈牧民〉）

「四維」不能發揚，國家就會滅亡。

何謂四維？一曰禮，二曰義，三曰廉，四曰恥。（〈牧民〉）

什麼叫做治理國政的四大綱要？㈠是禮，㈡是義，㈢是廉，㈣是恥。

政之所興，在順民心；政之所廢，在逆民心。（〈牧民〉）

政令所以順利推行，在於順應民心；政令所以廢弛受阻，在於違背民心。

故知予之為取者，政之寶也。（〈牧民〉）

因而可知，「予之於民就是取之於民」這個原則，是治理國政的法寶。

下令於流水之原者，令順民心也。（〈牧民〉）

所謂把政令下達在流水的源頭上，就是要求政令順應民心。

道民之門，在上之所先；召民之路，在上之所好惡。（〈牧民〉）

引導人民的門徑，在於君主提倡的是什麼；召喚人民的路途，在於君主愛憎的是什麼。

天下不患無臣，患無君以使之；天下不患無財，患無人以分之。（〈牧民〉）

國家不怕沒有能臣，只怕沒有君主去使用他們；國家不怕沒有財富，只怕沒有賢人去公平分配它們。

天不變其常，地不易其則，春秋冬夏不更其節，古今一也。（〈形勢〉）

天不會改變自己的常則，地不會改變自己的法則，春秋冬夏也不會改變各自的節令，古往今來都是一樣。

必得之事，不足賴也；必諾之言，不足信也。（〈形勢〉）

認為一定能達到目的的事情，是靠不住的；開口就應允的諾言，是信不得的。

伐矜好專，舉事之禍也。（〈形勢〉）

居功自誇，獨斷專行，是行事的禍端。

能予而無取者，天地之配也。（〈形勢〉）

能夠給予人們福利而不求報償的，便可以跟天地媲美了。

朝忘其事，夕失其功。（〈形勢〉）

早晨忘掉了應作的努力，晚上就會什麼成果也沒有。

得天之道，其事若自然；失天之道，雖立不安。（〈形勢〉）

掌握了天道，成事好像自然而然；違逆了天道，即使一時成功，也會不能保持。

天之所助，雖小必大；天之所違，雖成必敗。（形勢）

上天輔助，雖然弱小，必將強大；上天反對，雖然成功，必將失敗。

烏鳥之狡，雖善不親；不重之結，雖固必解。（形勢）

烏鴉般的交誼，雖然顯得友善，其實並不親密；不相重合的繩結，雖然顯得牢固，其實必將鬆散。

取於民有度，用之有止，國雖小必安；取於民無度，用之不止，國雖大必危。（權修）

向人民徵取有個限度，花費又有節制的，國家雖小，必然安定；向人民徵取沒有限度，花費又沒有節制的，國家雖大，必將危亡。

一年之計，莫如樹穀；十年之計，莫如樹木；終身之計，莫如樹人。（權修）

若論一年的謀畫，沒有什麼能夠比得上種植五穀；若論十年的謀畫，沒有什麼能夠比得上種植樹木；若論終身的謀畫，沒有什麼能夠比得上培育人才。

教訓成俗而刑罰省，數也。（〈權修〉）

教育訓導形成風氣，刑罰就能減省，這是必然規律。

德厚而位卑者，謂之過；德薄而位尊者，謂之失。寧過於君子，而毋失於小人。（〈立政〉）

德行高而授爵低，叫做過錯；德行低而授爵高，叫做失誤。寧可對於君子有過錯，不可對於小人有失誤。

令則行，禁則止，憲之所及，俗之所被，如百體之從心，政之所期也。（〈立政〉）

發令則行，施禁則止，凡是法令所及與教化習俗影響所至之處，就像四肢百骸服從心靈一樣，這是治政所期望的結果。

貨多事治，則所求於天下者寡矣。（〈乘馬〉）

資財饒多，農事管理得好，需要求助於他人的就少了。

今日不爲，明日亡貨。昔之日已往而不來矣。（〈乘馬〉）

今天不幹活，明天沒財富。昨日的時光已經過去，不會再回頭了。

言是而不能立，言非而不能廢，有功而不能賞，有罪而不能誅。若是而能治民者，未之有也。（〈七法〉）

正確的主張不能施行，錯誤的主張不能廢止，有了功勞而不能獎賞，有了罪過而不能誅罰。像這樣而能治理好民眾的，是從來沒有的。

變俗易教，不知化不可。（〈七法〉）

移風易俗，不懂得教育感化的特點是不行的。

取人以己，成事以質。（〈版法〉）

徵取於民，要比照一下自己；欲民成事，要依據實際承受能力。

召遠在修近，閉禍在除怨。（〈版法〉）

要招徠遠方的人們，關鍵在於治理好國政；要防止禍亂的發生，關鍵在於消除眾人的怨怒。

數戰則士疲，數勝則君驕。驕君使疲民，則國危。（〈幼官〉）

多次出戰，則士卒疲困；多次得勝，則君主驕傲。驕傲的君主指揮疲困的士卒作戰，那麼，國家必將危險。

民之所利，立之；所害，除之；則民人從。（〈幼官圖〉）

人民認為有益的事情就興辦，人民認為有害的事情就廢除，那麼，人民就會信從。

人，不可不務也，此天下之極也。（〈五輔〉）

爭取人心之事，是不可不重視的。這是天下最重要的問題。

善爲政者，田疇墾而國邑實，朝廷閒而官府治，公法行而私曲止，倉廩實而囹圄空，賢人進而奸民退。（〈五輔〉）

善於執政的國家，總是田地開墾而都邑殷富，朝廷閒逸而官府安靜，公法暢行而邪道廢止，糧倉充實而牢房空虛，賢人進用而奸臣罷黜。

千里之路，不可扶以繩；萬家之都，不可平以准。（〈宙合〉）

長達千里的道路，不可能用繩墨來撥直；大至萬家的都城，不可能用水準儀來取平。

景不爲曲物直，響不爲惡聲美。（〈宙合〉）

物影不會為彎曲的本體而變直，回音不會為粗惡的聲源而變美。

有氣則生，無氣則死，生者以其氣。（〈樞言〉）

有氣則活，無氣則死，活著靠的就是氣。

信之者，仁也。不可欺者，智也。既智且仁，是謂成人。（〈樞言〉）

取信於人叫做仁，不可欺矇叫做智。又智又仁，這就可以稱為完美的人。

善游者死於梁池，善射者死於中野。（〈樞言〉）

善於游泳的好手，往往就死在梁池；擅長射獵的能人，常常就死於郊外。

教訓習俗者衆，則民化變而不自知也。（〈八觀〉）

受教育、循風尚的人衆多，人們便可以在不知不覺之中潛移默化。

行其田野，視其耕芸，計其農事，而飢飽之國可以知也。（〈八觀〉）

巡視一個國家的田野，察看它的耕耘狀況，計算它的農事收入，是缺糧之國，還是餘糧之國，就可以知道了。

入國邑，視宮室，觀車馬衣服，而侈儉之國可知也。（〈八觀〉）

進入一個國家的都城，察視它的宮室，看看它的車馬、服飾，是奢侈之國，還是節儉之國，就可以知道了。

入州里，觀習俗，聽民之所以化其上，而治亂之國可知也。（〈八觀〉）

進入一個國家的州、里，觀察州、里的習俗風尚，瞭解人民接受君主教化的情狀，是安定之國，還是動亂之國，就可以知道了。

擅國權以深索於民者，聖王之禁也。（〈法禁〉）

擅專國家權力而嚴重搜刮人民的行為，是聖明的君王所禁止的。

用不稱其人，家富於其列，其祿甚寡而資財甚多者，聖王之禁也。（〈法禁〉）

享用不符合本人身分，家產超過爵位的等級，俸祿很少而資財很多，這種現象是聖明的君王所禁止的。

凡君國之重器，莫重於令。（〈重令〉）

所有治理國家的重要手段，沒有比法令更加重要的。

將帥不嚴威，民心不專一，陳士不死制，卒士不輕敵，而求兵之必勝，不可得也。（〈重令〉）

將帥治軍不威嚴，民心不能集中於抗戰，臨陣將士不能死於軍令，出征士卒不敢整體藐視敵人，而指望軍隊迎戰必勝，是不可能的。

禁勝於身，則令行於民矣。（〈法法〉）

禁律能夠約束君主自身，法令就可以施行於民眾了。

規矩者，方圜之正也。雖有巧目利手，不如拙規矩之正方圜也。（〈法法〉）

規矩，是匡正方圓的。人們雖有巧目利手，也不如粗笨的規矩能匡正方圓。

上好勇則民輕死，上好仁則民輕財。故上之所好，民必甚焉。（〈法法〉）

君主愛好勇敢，人民便不會看重生死；君主愛好仁義，人民便不會看重錢財。所以，君主愛好什麼，人民必將更進一步。

明君不爲親戚危其社稷，社稷戚於親。（〈法法〉）

賢明的君主不為父母兄弟而危害自己的國家，國家比父母兄弟更值得愛護。

器成教施，追亡逐遁若飄風，擊刺若雷電。（〈兵法〉）

器械完好，訓練有素，追殲逃兵遁卒，就能像飄風一樣迅速，擊殺敵軍，就能像雷電一樣猛烈。

畜之以道，則民和；養之以德，則民合。（〈兵法〉）

用「道」訓練士兵，則彼此協調；用「德」教養士兵，則彼此團結。

夷吾之所死者，社稷破，宗廟滅，祭祀絕，則夷吾死之。非此三者，則夷吾生。（〈大匡〉）

我管夷吾所願意為之犧牲的，是國家破亡，宗廟毀滅，祭祀斷絕。只有這樣，我才願意去死。不是這三種情況，我就得活著。

沈於樂者洽於憂，厚於味者薄於行，慢於朝者緩於政，害於國家者危於社稷。（〈中匡〉）

沈溺於游樂的，就會霑染憂患；厚於口味的，就會薄於德行；怠慢於聽朝的，就會延誤國政；有害於國家的，將危及社稷。

民愛之，鄰國親之，天下信之，此國君之信。（〈中匡〉）

人民愛戴，鄰國親近，天下信任，這就是國君的威信。

政成國安，以守則固，以戰則強。（〈小匡〉）

政事有成，國家安定，防守則固，攻戰則勝。

齊國百姓，公之本也。（〈霸形〉）

齊國的百姓，就是您的根本。

夫爭天下者，必先爭人。（〈霸言〉）

爭奪天下，必先爭奪民心。

知者善謀，不如當時。精時者，日少而功多。（〈霸言〉）

智者雖善謀畫，但不如抓住時機。精審時機，費時少而成效多。

觀國者觀君，觀軍者觀將，觀備者觀野。（〈霸言〉）

看一個國家，要看國君如何；看一支軍隊，要看將領如何；看戰備情況，要看農田如何。

爵授有德，則大臣興義；祿予有功，則士輕死節。（〈問〉）

爵位授給有德的人，大臣便會行義；祿賞賜予有功的人，士卒就會不惜獻身。

仁從中出，義從外作。仁，故不以天下爲利；義，故不以天下爲名。（〈戒〉）

仁是從內心發出的，義是從外表體現的。因為有了「仁」的修養，所以不利用天下謀求私利；因為有了「義」的修養，所以不利用天下獵取虛名。

主明、相知、將能之謂參具。（〈地圖〉）

君主聖明，國相聰敏，將帥富有才能，這叫做用兵的三項條件具備。

故凡兵有大論，必先論其器，論其士，論其將，論其主。（〈參患〉）

大凡用兵，須有幾項重大考評。必須首先考評武器，考評士卒，考評將帥，考評國君。

治者，所道富也。治而未必富也，必知富之事，然後能富。（〈制分〉）

安定，可以導致國家富強。但安定未必就是富強，必須懂得導致富強的措施，然後才能富強。

信以繼信，善以傳善，是以四海之內，可得而治。（〈君臣上〉）

誠信導致誠信，善良導致善良，因此，四海之內都可以保持安定。

聖王本厚民生，審知禍福之所生。是故慎小事微，違非索辯以根之。（〈君臣下〉）

英明的國君把提高人民生活作為根本，詳細瞭解禍福產生的原因。因此，慎重對待細小的禍源，對於背法為非的行為，一定要查明而根究。

身不善之患，毋患人莫己知。丹青在山，民知而取之；美珠在淵，民知而取之。

（〈小稱〉）

值得憂慮的，是自身不善，不要怕別人不瞭解自己。丹青儘管埋在深山，人們也會發現而把它開採出來；珍珠儘管藏在深淵，人們也會發現而把它撈取上來。

民之觀也，察矣，不可遁逃以爲不善。（〈小稱〉）

人民看問題，是明白無誤的。誰也不能逃避他們的眼光而為非作惡。

稱身之過者，強也；治身之節者，惠也；不以不善歸人者，仁也。（〈小稱〉）

公開自己的錯誤，是「強」的表現；修養自己的節操，是「智」的表現；不把「不善」的責任歸罪他人，是「仁」的表現。

以緇（「緇」原文爲「繬」，據王念孫說校改。下同）緣緇，吾何以知其美也？以素緣素，吾何以知其善也？（〈四稱〉）

用黑色給黑衣服鑲邊，我怎麼知道它的美呢？用白色給白衣服鑲邊，我怎麼知道它的好呢？

若夫教者，摽然若秋雲之遠，動人心之悲；藹然若夏之靜雲，乃及人之體；窵（原文爲「鴥」，據郭沫若說校改）然若皜月（「皜月」，原文爲「謞」，據郭沫若說補

改）之靜，動人意以怨；蕩蕩若流水，使人思之，人所生往。（〈侈靡〉）

教育的過程，就好像秋雲高揚遠翥，能夠激起人們沈思；又好像夏雲含雨，滋潤清涼，能夠浸及人們的肌膚；深幽得像皓月一般寧靜，能夠觸發人們的怨慕；悠悠如同清澈的流水，引人遐思，令人神往。

百姓無寶，以利爲首。一上一下，唯利所處。（〈侈靡〉）

百姓別無珍寶，只是看重實惠。勞苦奔波，唯利所趨。

如以予人財者，不如毋奪時；如以予人食者，不如毋奪其事。（〈侈靡〉）

與其給人錢財，不如不誤農時；與其給人糧食，不如不讓失業。

人之可殺，以其惡死也；其可不利，以其好利也。（〈心術上〉）

人們之所以可用殺戮來威脅，是因為他們惡死；人們之所以可用不利的事物來勸止，是因為他們好利。

惡不失其理，欲不過其情，故曰「君子」。（〈心術上〉）

厭惡，不喪失常理；喜好，不超越常情，所以叫做「君子」。

聖人若天然，無私覆也；若地然，無私載也。私者，亂天下者也。（〈心術下〉）

聖人像蒼天一樣，不為私而被覆萬物；像大地一樣，不為私而載置萬物。私，是淆亂天下的根源。

節怒莫若樂，節樂莫若禮，守禮莫若敬。（〈心術下〉）

節制忿怒，沒有什麼比得上音樂；節制逸樂，沒有什麼比得上禮儀；遵守禮儀，沒有什麼比得上保持莊敬。

非吾儀，雖利不爲；非吾常，雖利不行；非吾道，雖利不取。（〈白心〉）

不合我的準則，雖可獲利，我也不幹；不合我的常規，雖可獲利，我也不幹；不合我的常道，雖可獲利，我也不幹。

驕之餘卑，卑之餘驕。（〈白心〉）

驕傲的結果是衰微，謙卑的結果是強盛。

道者，一人用之，不聞有餘；天下行之，不聞不足。此謂道矣。（〈白心〉）

道，一個人使用，沒有聽說有餘；天下人都使用，沒有聽說不夠。這就叫做「道」。

日極則仄，月滿則虧。（〈白心〉）

太陽到了頂點以後，便走向偏斜；月亮到了最圓滿以後，便走向虧缺。

水者，地之血氣，如筋脈之通流者也。（〈水地〉）

水，是大地的血氣，好像筋脈一樣在大地流通。

水者何也？萬物之本原也，諸生之宗室也。（〈水地〉）

水是什麼？是萬物的本原，是一切生命的發脈處。

使能之謂明，聽信之謂聖。（〈四時〉）

使用能人，可稱賢明；聽取實情，可稱聖智。

治積則昌，暴虐積則亡。（〈四時〉）

政績累累，事業就會昌盛；暴虐叢集，國家就會滅亡。

人與天調，然後天地之美生。（〈五行〉）

人事與天道協調了，天地間的美好事物就會產生。

成功之道，嬴縮爲寶。（〈勢〉）

成功之道，貴在能伸能屈。

賢者誠信以仁之，慈惠以愛之，端政象不敢以先人。（〈勢〉）

賢明的君主對待人民，總是誠信而寬仁，慈惠而愛撫，公布政要以觀測民意，決策不敢先自為定。

養之以化其惡，必自身始。（〈正〉）

若想教育人們改變惡行，一定要從自身做起。

愛民無私，曰德。（〈正〉）

愛民而無偏私，叫做「德」。

廢私立公，能舉人乎？（〈正〉）

廢私立公，能體現在薦舉人才方面麼？

舉人無私，臣德咸道。（〈正〉）

薦舉人才而無偏私，這種「臣德」將被國人稱道。

今恃不信之人，而求以智；用不守之民，而欲以固；將不戰之卒，而幸以勝：此兵之

三闇也。（〈九變〉）

現在依賴不可信任的人，而希望明瞭敵情；任用不能固守的人，而想要固守陣地；率領不能作戰的軍隊，而希圖能僥倖獲取勝利：這是用兵方面的三種愚昧表現。

君臣上下貴賤皆從法，此謂爲大治。（〈任法〉）

君臣、上下、貴賤，都服從法律，這就叫做天下大治。

動無非法者，所以禁過而外私也。（〈明法〉）

所謂任何行動都無不依從法度，就正是為了防禁過失，排除私見。

夫利莫大於治，害莫大於亂。（〈正世〉）

最大的利益莫過於國家安定，最大的危害莫過於國家動亂。

凡治國之道，必先富民。民富則易治也，民貧則難治也。（〈治國〉）

大凡治理國政的原則，一定要先使人民富裕。人民富裕就容易治理，人民貧困就難以治理。

富而治，此王之道也。（〈治國〉）

富裕而安定，這正是王道的原則。

凡道，無根無莖，無葉無榮。萬物以生，萬物以成，命之曰道。（〈內業〉）

道，沒有根，沒有莖，沒有葉，沒有花。萬物靠它才產生，萬物靠它才成長，因而把它叫做「道」。

凡食之道：大充，傷而形不臧；大攝，骨枯而血沍。充攝之間，此謂和成，精之所舍，而知之所生。（〈內業〉）

大凡飲食的原則，吃得過飽，就會傷胃而身體不好；吃得過少，就會骨枯而血脈不暢。不飽不飢，這就叫做和諧完美，才能使精氣有所寄託，智慧得以產生。

節欲之道，萬物不害。（〈內業〉）

施行節制欲望的原則，就可以免遭任何事物的危害。

今鳳凰麒麟不來，嘉穀不生，而蓬蒿藜莠茂，鴟梟數至，而欲封禪，毋乃不可乎？（〈封禪〉）

現在吉祥之物鳳凰麒麟不來，象徵祥瑞的嘉穀不生，蓬蒿藜莠之類的雜草卻很繁茂，鴟梟之類的猛禽惡鳥也多次出現，還想舉行封禪大典，豈不是不適宜嗎？

凡牧民者，必知其疾，而憂之以德，勿懼以罪，勿止以力。慎此四者，足以治民也。（〈小問〉）

大凡治理民眾，必須瞭解他們的疾苦，想到給予德惠，而不要用刑罰恐嚇，不要用強力禁限。注重這四點，就可以治理好民眾了。

傅馬棧最難。先傅曲木，曲木又求曲木，曲木已傅，直木毋所施矣。先傅直木，直木又求直木，直木已傅，曲木亦無所施矣。（〈小問〉）

用條木構築馬欄最難。如果首先並排豎立曲木，曲木又需搭配曲木；曲木已經並立，直木就無法使用了。如果首先並排豎立直木，直木又需搭配直木；直木已經並立，曲木也就無法使用了。

法律政令者，吏民規矩繩墨也。夫矩不正，不可以求方；繩不信，不可以求直。（〈七臣七主〉）

法律政令，是君主治理臣民的規矩繩墨。矩不端正，不可求方；繩不伸張，不可求直。

夫凡私之所起，必生於主。夫上好本，則端正之士在前；上好利，則毀譽之士在側；上多喜善賞，不隨其功，則士不爲用；數出重法，而不克其罪，則姦不爲止。（〈七

臣七主）

凡是私弊的興起，一定是從君主開始。君主愛好道德，品行端正的人就在跟前；君主愛好私利，誹謗吹捧的人就環繞左右；君主多寵愛，多行賞，而不看功績，賢才就會不肯效力；君主常用苛重刑法，而不審核罪行，姦邪就不能禁止。

夫明王不美宮室，非喜小也；不聽鐘鼓，非惡樂也。爲其傷於本事，而妨於教也。故先慎於己而後彼。（禁藏）

賢明的君主不裝飾擴建宮室，並非喜愛狹小；不聽鐘鼓之音，並非厭惡音樂。是因為這樣做會傷害農事，妨礙教化。所以，首先嚴格要求自己，而後再要求別人。

法者，天下之儀也，所以決疑而明是非也，百姓所縣命也。（禁藏）

法律，是天下的儀表，是用來解除疑難而判明是非的，是與百姓生命攸關的。

夫凡人之情，見利莫能勿就，見害莫能勿避。其商人通賈，倍道兼行，夜以續日，千里而不遠者，利在前也。漁人之入海，海深萬仞，就彼逆流，乘危百里，宿夜不出者，利在水也。（禁藏）

大凡人之常情，見利沒有不追求的，見害沒有不避開的。商人經商，一天趕兩天路程，夜以繼日，不遠千里，是因為利在前面。漁夫下海，海深萬仞，迎著逆流，冒險百里，日夜不出險境，是因為利在水中。

夫動靜順然後和也，不失其時然後富，不失其法然後治。故國不虛富，民不虛治。不治而昌，不亂而亡者，自古至今未嘗有也。（〈禁藏〉）

舉措得宜，國事才能協調；不誤農時，國家才能富裕；不失法度，人民才能安定。所以，國家不會無緣無故的富裕，人民不會無緣無故的安定。不安定而昌盛，不動亂而敗亡的國家，自古至今是從來沒有的。

勸子弟，精膳食，問所欲，求所嗜。（〈入國〉）

要教育全國子弟，為老人精作飲食，詢問老人的要求，瞭解老人的嗜好。

目貴明，耳貴聰，心貴智。（〈九守〉）

目貴在明察，耳貴在聰敏，心貴在智慧。

法簡而易行，刑審而不犯，事約而易從，求寡而易足。（〈桓公問〉）

法律要簡明而易行，刑罰要審慎而不容干犯，政事要簡約而易從，徵稅要輕而易於交足。

此謂備之常時，禍從何來？（〈度地〉）

這就叫做平時有防備，禍患從何來？

凡聽徵，如負豬豕覺而駭。凡聽羽，如鳴馬在野。凡聽宮，如牛鳴窌中。凡聽商，如離群羊。凡聽角，如雉登木以鳴，音疾以清。（〈地員〉）

凡是聽「徵」聲，就好像母豬發覺豬仔被背走時的驚叫。凡是聽「羽」聲，就好像馬在原野上嘶鳴。凡是聽「宮」聲，就好像牛在地窖中嚎叫。凡是聽「商」聲，就好像失群的羊叫聲。凡是聽「角」聲，就好像山雞在樹上啼鳴，叫聲又急切，又清脆。

見善從之，聞義則服。（〈弟子職〉）

見善就跟著去做，聞義就身體力行。

溫柔孝悌，毋驕恃力。（〈弟子職〉）

性情溫柔，孝敬父母，順從兄長，不可驕橫而自恃勇力。

相切相磋，各長其儀。（〈弟子職〉）

互相切磋琢磨，各自增長禮儀修養。

人主之所以令則行、禁則止者，必令於民之所好，而禁於民之所惡也。（〈形勢解〉）

君主之所以能實現有令則行，有禁則止，一定是因為「令」發在人民所喜好的方面，「禁」行在人民所厭惡的方面。

海不辭水，故能成其大；山不辭土石，故能成其高；明主不厭人，故能成其衆；士不厭學，故能成其聖。（〈形勢解〉）

海不拒絕細流，因而能成就它的廣大；山不拒絕土石，因而能成就它的高峻；明主不滿足於已有的民衆，因而能形成人多兵衆的局面；士不滿足於已有的學識　因而能成為聖智之人。

天之道，滿而不溢，盛而不衰。（〈形勢解〉）

天道的特點，是滿盈而不外溢，旺盛而不衰竭。

夫朋黨者處前，賢、不肖不分，則爭奪之亂起，而君在危殆之中矣。（〈立政．九敗解〉）

拉朋結黨之徒處在君主面前，賢者與不肖者就會混淆不分，爭權奪利的禍亂就會發生，君主也就處於危險之中了。

凡觀樂者，宮室、臺池、珠玉、聲樂也。此皆費財盡力、傷國之道也。而以此事君者，皆姦人也。（〈立政・九敗解〉）

大凡觀賞游樂之事，不外是宮室、臺池、珠玉、歌舞之類。這都是浪費錢財、耗盡民力、損傷國家元氣的東西。而用這些來事奉君主的，都是姦邪之徒。

度恕者，度之於己也。己之所不安，勿施於人。（〈版法解〉）

測試「恕」道，先宜測試自己。自己所不願接受的，不可施及他人。

凡衆者，愛之則親，利之則至。（〈版法解〉）

大凡民衆，愛護他們，他們就會親近；為他們謀福利，他們就會歸附。

夫學者，所以自化，所以自撫。（〈版法解〉）

學習，是用來改造自我、培養自我的手段。

群臣之不敢欺主者，非愛主也，以畏主之威勢也；百姓之爭用，非以愛主也，以畏主之法令也。（〈明法解〉）

群臣之所以不敢欺矇君主，並非喜愛君主，而是因為害怕君主的威勢；百姓之所以爭為君主效力，也並非喜愛君主，而是因為懼怕君主的法令。

法度行，則國治；私意行，則國亂。（〈明法解〉）

法度暢行，則國家安定；私意妄行，則國家動亂。

明主之擇賢人也，言勇者試之以軍，言智者試之以官。（〈明法解〉）

明主選拔賢才，對於號稱勇敢的人，用從軍作檢測；對於號稱聰智的人，用職事作檢測。

彼王者不奪民時，故五穀興豐。（〈匡乘馬〉）

那些成就王業的君主，從不侵奪百姓的農時，因此能五穀豐登。

故相壤定籍，而民不移；振貧補不足，下樂上。（〈乘馬數〉）

所以，如果根據土地好壞確定徵稅標準，百姓便不會流徙；如果能賑濟貧困而補不足，百姓對君主也會滿意。

夫不定內，不可以持天下。（〈事語〉）

國家不安定，就不能夠駕馭天下。

唯官山海爲可耳。（〈海王〉）

齊國只有專營山海資源，才是可行的理財之策。

五穀食米，民之司命也；黃金刀幣，民之通施也。故善者執其通施以御其司命，故民力可得而盡也。（〈國蓄〉）

糧食，是人們生命的主宰；貨幣，是人們的流通手段。所以，善於治國的君主，掌握人們的流通手段來控制主宰人們生命的糧食，因而民力便可以得到最大限度地發揮了。

利出於一孔者，其國無敵。（〈國蓄〉）

財利資源由國家統一掌握，這樣的國家將強大無敵。

凡將爲國，不通於輕重，不可爲籠以守民；不能調通民利，不可以語制爲大治。（〈國蓄〉）

凡是治國，如果不精通物價政策，就不可能運用經濟手段來控制民間的經濟活動；不善於調通民利，就談不上用宏觀調控措施來實現國家大治。

不通於軌數而欲爲國，不可。（〈山國軌〉）

不精通統計理財方策而想要治理好國政，是不可能的。

穀者，民之司命也；智者，民之輔也。（〈山權數〉）

五穀，是人們生命的主宰；知識，是人們生活的助手。

國機，徐疾而已矣。君道，度法而已矣。人心，禁繆而已矣。（〈山權數〉）

國事的關鍵，在於政令措施緩急得當。為君之道，在於設計法度適合時宜。人心的整治，在於禁限邪惡行為。

度法者，量人力而舉功。禁繆者，非往而戒來。（〈山權數〉）

謀畫法度舉措，要注意量力行事。防禁人心邪惡，要注意懲前毖後。

王者乘時，聖人乘易。（〈山至數〉）

成就王業的人善於藉助時機，智慧高超的人善於駕馭變化。

夫善用本者，若以身濟於大海，觀風之所起。天下高則高，天下下則下。天下高我下，則財利稅於天下矣。（〈地數〉）

善於治國的君主，就像親身渡海一樣，要觀察風潮的起源。天下各國的糧價高，我們也跟著高；天下各國的糧價低，我們也跟著低。如果天下各國都高，而我們獨低，那麼，我們的財利就送給天下各國了。

令有徐疾，物有輕重，然後天下之寶壹爲我用。善者，用非有，使非人。（〈地數〉）

發布政令有緩有急，控制物價有高有低，然後天下各國的財寶便可以為我所用。善於治國的人，可以利用不是本國所有的物產，可以役使不是本國的臣民。

燧人以來，未有不以輕重爲天下也。（〈揆度〉）

自燧人氏以來，沒有不運用輕重之術來治理天下的。

一農不耕，民有爲之飢者；一女不織，民有爲之寒者。飢寒凍餓，必起於糞土，故先王謹於其始。（〈揆度〉）

一個農夫不種田，人民就將有挨餓的；一個農婦不織縷，人民就將有挨凍的。飢寒凍餓，總是起因於土地經營，因而先王慎重對待這個起因。

時至則爲，過則去。王數不可豫致。（〈國准〉）

時機來了就行動，時機過了就罷手。成就王業的氣運是不可事先自作安排的。

輕重無數。物發而應之，聞聲而乘之。（〈輕重甲〉）

市場物價沒有定數。物資一動，措施就得跟上；聽到信息，就要及時利用。

物之所生，不若其所聚。（〈輕重甲〉）

財物的生產，比不上財物的聚積。

衡無數也。衡者使物一高一下，不得常固。（〈輕重乙〉）

平衡供求沒有定數。平衡供求，就是要使物價有高有低，不經常固定在一個數字上。

故可因者因之，乘者乘之，此因天下以制天下。（〈輕重丁〉）

因此，可以利用就要利用，可以駕馭就要駕馭，這就是周人利用外國來控制外國的辦法。

自理國虙戲以來，未有不以輕重而能成其王者也。（〈輕重戊〉）

自從虙戲氏治理以來，沒有不是憑藉輕重之術而成就王業的。

路有行乞者，則相之罪也。（〈輕重已〉）

路途有乞食的人，就要歸罪於國相了。

管仲傳略

管仲列傳

管仲夷吾者，潁上人也。少時常與鮑叔牙遊，鮑叔知其賢。管仲貧困，常欺鮑叔，鮑叔終善遇之，不以爲言。已而鮑叔事齊公子小白，管仲事公子糾。及小白立，爲桓公，公子糾死，管仲囚焉。鮑叔遂進管仲。

管仲既用，任政於齊，齊桓公以霸。九合諸侯，一匡天下，管仲之謀也。

管仲曰：「吾始困時，嘗與鮑叔賈，分財利，多自與，鮑叔不以我爲貪，知我貧也。吾嘗爲鮑叔謀事而更窮困，鮑叔不以我爲愚，知時有利不利也。吾嘗三仕三見逐於君，鮑叔不以我爲不肖，知我不遭時也。吾嘗三戰三走，鮑叔不以我爲怯，知我有老母也。公子糾敗，召忽死之，吾幽囚受辱，鮑叔不以我爲無恥，知我不羞小節而恥功名不顯於天下也。生我者父母，知我者鮑子也。」

鮑叔既進管仲，以身下之。子孫世祿於齊，有封邑者十餘世，常爲名大夫。天下不多管仲之賢，而多鮑叔能知人也。

管仲既任政相齊，以區區之齊在海濱，通貨積財，富國強兵，與俗同好惡。故其稱曰：「倉廩實而知禮節，衣食足而知榮辱。上服度，則六親固。四維不張，國乃滅亡。下令如流水之原，令順民心。」故論卑而易行。俗之所欲，因而予之；俗之所否，因而去之。

其爲政也，善因禍而爲福，轉敗而爲功。貴輕重，愼權衡。桓公實怒少姬，南襲蔡，管仲因而伐楚，責包茅不入貢於周室。桓公實北征山戎，而管仲因而令燕修召公之政。於柯之會，桓公欲背曹沫之約，管仲因而信之，諸侯由是歸齊。故曰：「知與之爲取，政之寶也。」

管仲富擬於公室，有三歸、反坫，齊人不以爲侈。管仲卒，齊國遵其政，常強於諸侯。後百餘年而有晏子焉。

太史公曰：吾讀管氏〈牧民〉、〈山高〉、〈乘馬〉、〈輕重〉、〈九府〉，及《晏子春秋》，詳哉，其言之也。既見其著書，欲觀其行事，故次其傳。至其書，世多有之，是以不論，論其軼事。

管仲世所謂賢臣，然孔子小之。豈以爲周道衰微，桓公既賢，而不勉之至王，乃稱霸哉？語曰「將順其美，匡救其惡，故上下能相親也」。豈管仲之謂乎？

（節選自《史記．管晏列傳》）

管仲傳

桓公自莒反於齊，使鮑叔爲宰，辭曰：「臣，君之庸臣也。君加惠於臣，使不凍餒，則是君之賜也。若必治國家者，則非臣之所能也。若必治國家者，則其管夷吾乎！臣之所不若夷吾者五：寬惠柔民，弗若也；治國家不失其柄，弗若也；忠信可結於百姓，弗若也；制禮義可法於四方，弗若也；執枹鼓立於軍門，使百姓皆加勇焉，弗若也。」桓公曰：「夫管夷吾射寡人中鉤，是以濱於死。」鮑叔對曰：「夫爲其君動也。君若宥而反之，夫猶是也。」桓公曰：「若何？」鮑子對曰：「請諸魯。」桓公曰：「施伯，魯君之謀臣也，夫知吾將用之，必不予我矣。若之何？」鮑子對曰：「使人請諸魯，曰：『寡君有不令之臣在君之國，欲以戮之於群臣，故請之。』則予我矣。」桓公使請諸魯，如鮑叔之言。

莊公以問施伯，施伯對曰：「此非欲戮之也，欲用其政也。夫管子，天下之才也。所在之國，則必得志於天下。令彼在齊，則必長爲魯國憂矣。」莊公曰：「若何？」施伯對曰：「殺而以其屍授之。」莊公將殺管仲，齊使者請曰：「寡君欲親以爲戮，若不生得以戮於群臣，猶未得請也。請生之。」於是莊公使束縛以予齊使，齊使受之而退。

比至，三釁、三浴之。桓公親逆之於郊，而與之坐而問焉。曰：「昔吾先君襄公築臺以爲高位，田、狩、罼、弋，不聽國政，卑聖侮士，而唯女是崇。九妃、六嬪，陳妾數百，食必粱肉，衣必文綉。戎士凍餒，戎車待游車之襲，戎士待陳妾之餘。優笑在前，賢材在後。是以國家不日引，不月長，恐宗廟之不掃除，社稷之不血食，敢問爲此若何？」管子對曰：「昔吾先王昭王、穆王，世法文、武遠績以成名，合群叟，比校民之有道者，設象以爲民紀，式權以相應，比綴以度，竱本肇末，勸之以賞賜，糾之以刑罰，班序顚毛，以爲民紀統。」桓公曰：「爲之若何？」管子對曰：「昔者，聖王之治天下也，參其國而伍其鄙，定民之居，成民之事，陵爲之地，而愼用其六柄焉。」

桓公曰：「成民之事若何？」管子對曰：「四民者，勿使雜處，雜處則其言哤，其事易。」公曰：「處士、農、工、商若何？」管子對曰：「昔聖王之處士也，使就閒燕；處工，就官府；處商，就市井；處農，就田墅。

「令夫士，群萃而州處，閒燕則父與父言義，子與子言孝，其事君者言敬，其幼弟者言弟。少而習焉，其心安焉，不見異物而遷焉。是故其父兄之教，不肅而成，其子弟之學，不勞而能。夫是，故士之子恆爲士。

「令夫工，群萃而州處，審其四時，辨其功苦，權節其用，論比協材，旦暮從事，施於四方，以飭其子弟。相語以事，相示以巧，相陳以功。少而習焉，其心安焉，不見異物而遷焉。是故其父兄之教，不肅而成，其子弟之學，不勞而能。夫是，故工之子恆爲工。

「令夫商，群萃而州處，察其四時，而監其鄉之資，以知其市之賈。負，任，擔，荷，服牛，軺馬，以周四方。以其所有，易其所無，市賤鬻貴，旦暮從事於此，以飭其子弟。相語以利，相示以賴，相陳以知賈。少而習焉，其心安焉，不見異物而遷焉。是故其父兄之教，不肅而成，其子弟之學，不勞而能。夫是，故商之子恆爲商。

「令夫農，群萃而州處，察其四時，權節其用，耒，耜，耞，芟。及寒，擊菒除田，以待時耕。及耕，深耕而疾耰之，以待時雨。時雨既至，挾其槍、刈、耨、鎛，以旦暮從事於田壄。脫衣就功，首戴茅蒲，身衣襏襫，霑體塗足，暴其髮膚，盡其四支之敏，以從事於田壄。少而習焉，其心安焉，不見異物而遷焉。是故其父兄之教，不肅而成；其子弟之學，不勞而能。夫是，故農之子恆爲農，野處而不昵。其秀民之能爲士者，必足賴也。有司見而不以告，其罪五。有司已於事而竣。」

桓公曰：「定民之居若何？」管子對曰：「制國以爲二十一鄉：工商之鄉六，士鄉十五。公帥五鄉焉，國子帥五鄉焉，高子帥五鄉焉。參國起案，以爲三官，臣立三宰，工立三族，市立三鄉，澤立三虞，山立三衡。」

桓公曰：「吾欲從事於諸侯，其可乎？」管子對曰：「未可。國未安。」桓公曰：「安國若何？」管子對曰：「依舊法，擇其善者而業用之；遂滋民，與無財，而敬百姓，則國安矣。」桓公曰：「諾。」遂修舊法，擇其善者而業用之；遂滋民，與無財，而敬百姓。國既安矣，桓公曰：「國安矣，其可乎？」管子對曰：「未可。君若正卒伍，修甲兵，則大國亦將正卒伍，修甲兵，則難以速得志矣。君有攻伐之器，小國諸侯有守禦之備，則難以速得志矣。君若欲速得志於天下諸侯，則事可以隱令，可以寄政。」桓公曰：「爲之若何？」管子對曰：「作內政而寄軍令焉。」桓公曰：「善。」

管子於是制國：「五家爲軌，軌爲之長；十軌爲里，里有司；四里爲連，連爲之長；十連爲鄉，鄉有良人焉。以爲軍令：五家爲軌，故五人爲伍，軌長帥之；十軌爲里，故五十人爲小戎，里有司帥之；四里爲連，故二百人爲卒，連長帥之；十連爲鄉，故二千人爲旅，鄉良人帥之；五鄉一帥，故萬人爲一軍，五鄉之帥帥之。三軍，故有中軍之鼓，有國子之鼓，有高子之鼓。春以蒐振旅，秋以獮治兵。是故卒伍整於里，軍旅整於郊。內教既成，令勿使遷徙。伍之人祭祀同福，死喪同恤，禍災共之。人與人相疇，家與家同疇，世同居，少同遊。故夜戰聲相聞，足以不乖；晝戰目相見，足以相識。其歡欣足以相死。居同樂，行同和，死同哀。是故守則同固，戰則同彊。君有此士也三萬人，以方行於天下，以誅無道，以屏周室，天下大國之君莫之能禦。」

正月之朝，鄉長復事。君親問焉，曰：「於子之鄉，有居處好學、慈孝於父母、聰慧質仁、發聞於鄉里者，有則以告。有而不以告，謂之蔽明，其罪五。」有司已於事而竣。桓公又問焉，曰：「於子之鄉，有拳勇股肱之力秀出於衆者，有則以告。有而不以告，謂之蔽賢，其罪五。」有司已於事而竣。桓公又問焉，曰：「於子之鄉，有不慈孝於父母、不長悌於鄉里、驕躁淫暴、不用上令者，有則以告。有而不以告，謂之下比，其罪五。」有司已於事而竣。是故鄉長退而修德進賢，桓公親見之，遂使役官。

桓公令官長期而書伐，以告且選，選其官之賢者而復用之，曰：「有人居我官，有功休德，惟慎端愨以待時，使民以勸，綏謗言，足以補官之不善政。」桓公召而與之語，訾相其質。足以比成事，誠可立而授之，設之以國家之患而不疚，退問之其鄉，以觀其所能而無大厲，升以爲上卿之贊，謂之三選。國子、高子退而修鄉，鄉退而修連，連退而修里，里退而修軌，軌退而修伍，伍退而修家。是故匹夫有善，可得而舉也；匹夫有不善，可得而誅也。政既成，鄉不越長，朝不越爵，罷士無伍，罷女無家。夫是，故民皆勉爲善。與其爲善於鄉也，不如爲善於里；與其爲善於里也，不如爲善於家。是故士莫敢言一朝之便，皆有終歲之計；莫朝以終歲之議，皆有終身之功。

桓公曰：「伍鄙若何？」管子對曰：「相地而衰徵，則民不移；政不旅舊，則民不偷；山澤各致其時，則民不苟；陸、阜、陵、墐、井、田、疇均，則民不憾；無奪民時，則百姓富；犧牲不略，則牛羊遂。」

桓公曰：「定民之居若何？」管子對曰：「制鄙。三十家爲邑，邑有司；十邑爲卒，卒有卒帥；十卒爲鄉，鄉有鄉帥；三鄉爲縣，縣有縣帥；十縣爲屬，屬有大夫。五屬，故立五大夫，各使治一屬焉；立五正，各使聽一屬焉。是故正之政聽屬，牧政聽縣，下政聽鄉。」桓公曰：「各保治爾所，無或淫怠而不聽治者！」

正月之朝，五屬大夫復事。桓公擇是寡功者而謫之，曰：「制地、分民如一，何故獨寡功？教不善則政不治，一再則宥，三則不赦。」桓公又親問焉，曰：「於子之屬，有居處爲義好學、慈孝於父母、聰慧質仁、發聞於鄉里者，有則以告。有而不以告，謂之蔽明，其罪五。」有司已於事而竣。桓公又問焉，曰：「於子之屬，有拳勇股肱之力秀出於衆者，有則以告。有而不以告，謂之蔽賢，其罪五。」有司已於事而竣。桓公又問焉，曰：「於子之屬，有不慈孝於父母、不長悌於鄉里、驕躁淫暴、不用上令者，有則以告。有而不以告，謂之下比，其罪五。」有司已於事而竣。五屬大夫於是退而修屬，屬退而修縣，縣退而修鄉，鄉退而修卒，卒退而修邑，邑退而修家。是故匹夫有善，可得而舉也；匹夫有不善，可得而誅也。政既成矣，以守則固，以征則彊。

桓公曰：「吾欲從事於諸侯，其可乎？」管子對曰：「未可。鄰國未吾親也。君欲從事於天下諸侯，則親鄰國。」桓公曰：「若何？」管子對曰：「審吾疆場，而反其侵地；正其封疆，無受其資；而重爲之皮幣，以驟聘眺於諸侯，以安四鄰，則四鄰之國親我矣。爲游士八十人，奉之以車馬、衣裘，多其資幣，使周游於四方，以號召天下之賢士。皮幣玩好，使民鬻之四方，以監其上下之所好，擇其淫亂者而先征之。」

桓公問曰：「夫軍令則寄諸內政矣，齊國寡甲兵，爲之若何？」管子對曰：「輕過而移諸甲兵。」桓公曰：「爲之若何？」管子對曰：「制重罪贖以犀甲一戟，輕罪贖以鞼盾一戟，小罪讁以金分，宥閒罪。索訟者三禁而不可上下，坐成以束矢。美金以鑄劍戟，試諸狗馬；惡金以鑄鉏、夷、斤、斸，試諸壤土。」甲兵大足。

桓公曰：「吾欲南伐，何主？」管子對曰：「以魯爲主。反其侵地棠、潛，使海於有蔽，渠弭於有渚，環山於有牢。」桓公曰：「吾欲西伐，何主？」管子對曰：「以衛爲主。反其侵地臺、原、姑與漆里，使海於有蔽，渠弭於有渚，環山有牢。」桓公曰：「吾欲北伐，何主？」管子對曰：「以燕爲主。反其侵地柴夫、吠狗，使海於有蔽，渠弭於有渚，環山於有牢。」四鄰大親。既反侵地，正封疆，地南至於餉陰，西至於濟，北至於河，東至於紀酅，有革車八百乘。擇天下之甚淫亂者而先征之。

即位數年，東南多有淫亂者，萊、莒、徐夷、吳、越，一戰帥服三十一國。遂南征伐楚，濟汝，踰方城，望汶山，使貢絲於周而反。荊州諸服莫敢不來服。遂北伐山戎，刜令支，斬孤竹而南歸。海濱諸侯莫敢不來服。與諸侯飾牲爲載，以約誓於上下庶神。與諸侯勠力同心。西征攘白翟之地，至於西河。方舟設泭，乘桴濟河，至於石枕。縣車束馬，踰大行與辟耳之谿拘夏，西服流沙、西吳。南城周，反胙於絳。嶽濱諸侯莫不來服，而大朝諸侯於陽穀。兵車之屬六，乘車之屬三，諸侯甲不解纍，兵不解翳，弢無弓，服無矢。隱武事，行文道，帥諸侯而朝天子。

葵丘之會，天子使宰孔致胙於桓公，曰：「余一人之命有事於文、武，使孔致胙。」且有後命曰：「以爾自卑勞，實謂爾伯舅，無下拜。」桓公召管子而謀，管子對曰：「爲君不君，爲臣不臣，亂之本也。」桓公出見客曰：「天威不違顏咫尺，小白余敢承天子之命曰『爾無下拜』？恐隕越於下，以爲天子羞。」遂下拜，升受命。賞服大路，龍旂九旒，渠門赤旂，諸侯稱順焉。

桓公憂天下諸侯。魯有夫人、慶父之亂，二君殺死，國絕無嗣。桓公聞之，使高子存之。

翟人攻邢，桓公築夷儀以封之，男女不淫，牛馬選具。翟人攻衞，衞人出廬於曹，桓公城楚丘以封之。其畜散而無育，桓公與之繫馬三百。天下諸侯稱仁焉。於是天下諸侯知桓公之非爲己動也，是故諸侯歸之譬若市人。

桓公知諸侯之歸己也，故使輕其幣而重其禮。故天下諸侯罷馬以爲幣，縷纂以爲奉，鹿皮四个；諸侯之使垂櫜而入，稛載而歸。故拘之以利，結之以信，示之以武，故天下小國諸侯既許桓公，莫之敢背，就其利，而信其仁，畏其武。桓公知天下諸侯多與己也，故又大施忠焉。可爲動者爲之動，可爲謀者爲之謀，軍譚、遂而不有也，諸侯稱寬焉。通齊國之魚、鹽於東萊，使關市幾而不徵，以爲諸侯利，諸侯稱廣焉。築葵茲、晏、負夏、領釜丘，以禦戎、翟之地，所以禁暴於諸侯也；築五鹿、中牟、蓋與、牡丘，以衞諸夏之地，所以示權於中國也。教大成，定三革，隱五刃，朝服以濟河而無怵惕焉，文事勝矣。是故大國慚愧，小國附協。唯能用管夷吾、甯戚、隰朋、賓胥無、鮑叔牙之屬，而伯功立。

（選自《國語・齊語》，所據版本爲光緒庚辰章氏式訓堂精刻本）

管仲相齊

桓公自莒反於齊，使叔牙爲宰。鮑叔辭曰：「臣，君之庸臣也。君有加惠於其臣，使臣不凍飢，則是君之賜也。若必治國家，則非臣之所能也，其唯管夷吾乎！臣之所不如管夷吾者五：寬惠愛民，臣不如也；治國不失秉，臣不如也；忠信可結於諸侯，臣不如也；制禮義可法於四方，臣不如也；介胄執枹，立於軍門，使百姓皆加勇，臣不如也。夫管仲，民之父母也。將欲治其子，不可棄其父母。」公曰：「管夷吾親射寡人，中鉤，殆於死，今乃用之，可乎？」鮑叔曰：「彼爲其君動也。君若宥而反之，其爲君，亦猶是也。」公曰：「然則爲之奈何？」鮑叔曰：「君使人請之魯。」公曰：「施伯，魯之謀臣也。彼知吾將用之，必不吾予也。」鮑叔曰：「君召使者曰：『寡君有不令之臣在君之國，願請之以戮於群臣。』魯君必諾。且施伯之知夷吾之才，必將致魯之政。夷吾受之，則魯能弱齊矣。夷吾不受，彼知其將反於齊，必殺之。」公曰：「然則夷吾受乎？」鮑叔曰：「不受也。夷吾事君無二心。」公曰：「其於寡人猶如是乎？」對曰：「非爲君也，爲先君與社稷之故。君若欲定宗廟，則亟請之。不然，無及也。」

公乃使鮑叔行成曰：「公子糾，親也。請君討之。」魯人爲殺公子糾。又曰：「管仲，讎也。請受而甘心焉。」魯君許諾。施伯謂魯侯曰：「勿予。非戮之也，將用其政也。管仲者，天下之賢人也，大器也。在楚，則楚得意於天下，在晉，則晉得意於天下，在狄，則狄得意於天下。今齊求而得之，則必長爲魯國憂。君何不殺而受之其屍？」魯君曰：「諾。」將殺管仲。鮑叔進曰：「殺之齊，是戮齊也。殺之魯，是戮魯也。弊邑寡君願生得之，以徇於國，爲群臣僇；若不生得，是君與寡君賊比也。非弊邑之君所請也，使臣不能受命。」於是魯君乃不殺，遂生束縛而柙以予齊。鮑叔受而哭之，三舉。施伯從而笑之，謂大夫曰：「管仲必不死。夫鮑叔之忎，不僇賢人，其智稱賢以自成也。鮑叔相公子小白，先入得國，管仲、召忽奉公子糾後入。與魯以戰，能使魯敗，功足以。得天與失天，其人事一也。今魯懼，殺公子糾、召忽，囚管仲以予齊，鮑叔知無後事，必將勤管仲以勞其君願，以顯其功。衆必予之有得。力死之功，猶尚可加也，顯生之功，將何如？是昭德以貳君也。鮑叔之知，不是失也。」

至於堂阜之上，鮑叔祓而浴之三。桓公親迎之郊。管仲詘纓插衽，使人操斧而立其後。公辭斧三，然後退之。公曰：「垂纓下衽，寡人將見。」管仲再拜稽首曰：「應公之賜，殺之黃泉，死而不朽。」公遂與歸，禮之於廟，三酌而問爲政焉，曰：「昔先君襄公，高臺廣池，湛樂飲酒，田獵罼弋，不聽國政。卑聖侮士，唯女是崇，九妃六嬪，陳妾數千。食必粱肉，衣必文繡，而戎士凍飢。戎馬待游車之弊，戎士待陳妾之餘。倡優侏儒在前，而賢人大夫在後。是以國家不日益，不月長。吾恐宗廟之不掃除，社稷不血食，敢問爲之奈何？」對曰：「昔吾先王，周昭王、穆王世法文武之遠跡，以成其名。合群叟，比校民之有道者，設象以爲民紀。式美以相應，比綴以書，原本窮末。勸之以慶賞，糾之以刑罰，糞除其顚旄，賜予以鎭撫之，以爲民終始。」

公曰：「爲之奈何？」管子對曰：「昔者聖王之治其民也，參其國而伍其鄙，定民之居，成民之事，以爲民紀。謹用其六秉，如是而民情可得而百姓可御。」桓公曰：「六秉者，何也？」管子曰：「殺、生、貴、賤、貧、富，此六秉也。」桓公曰：「參國奈何？」管子對曰：「制國以爲二十一鄉，商工之鄉六，士農之鄉十五。公帥十一鄉，高子帥五鄉，國子帥五鄉。參國故爲三軍。公立三官之臣：市立三鄉，工立三族，澤立三虞，山立三衡。制五家爲軌，軌有長。十軌爲里，里有司。四里爲連，連有長。十連爲鄉，鄉有良人。五鄉一帥。」桓公曰：「五鄙奈何？」管子對曰：「制五家爲軌，軌有長。六軌爲邑，邑有司。十邑爲卒，卒有長。十卒爲鄉，鄉有良人。三鄉爲屬，屬有大夫，五屬五大夫。武政聽屬，文政聽鄉，各保而聽，毋有淫佚者。」桓公曰：「定民之居，成民之事奈何？」管子對曰：「士農工商四民者，國之石民也，不可使雜處。雜處則其言哤，其事亂。是故聖王之處士必於閒燕，處農必就田壄，處工必就官府，處商必就市井。

「令夫士，群萃而州處，閒燕則父與父言義，子與子言孝，其事君者言敬，長者言愛，幼者言弟。旦昔從事於此，以教其子弟，少而習焉，其心安焉，不見異物而遷焉。是故其父兄之教，不肅而成；其子弟之學，不勞而能。夫是，故士之子常爲士。

「令夫農，群萃而州處，審其四時，權節其用，備其械器，比耒耜枷芟。及寒，擊槀除田，以待時乃耕，深耕，均種，疾耰。先雨芸耨，以待時雨。時雨既至，挾其槍、刈、耨、鎛，以旦暮從事於田壄，稅衣就功，別苗莠，列疏遬。首戴苧蒲，身服襏襫，沾體塗足，暴其髮膚，盡其四支之力，以疾從事於田野。少而習焉，其心安焉，不見異物而遷焉。是故其父兄之教，不肅而成；其子弟之學，不勞而能。夫是，農之子常為農。樸野而不慝，其秀才之能為士者，則足賴也。故以耕則多粟，以仕則多賢，是以聖王敬畏戚農。

「令夫工，群萃而州處，相良材，審其四時，辨其功苦，權節其用，論比、計制、斷器，尚完利。相語以事，相示以功，相陳以巧，相高以知事。旦昔從事於此，以教其子弟，少而習焉，其心安焉，不見異物而遷焉。是故其父兄之教，不肅而成；其子弟之學，不勞而能。夫是，故工之子常為工。

「令夫商，群萃而州處，觀凶飢，審國變，察其四時，而監其鄉之貨，以知其市之賈。負任擔荷，服牛輅馬，以周四方；料多少，計貴賤，以其所有，易其所無，買賤鬻貴。是以羽旄不求而至，竹箭有餘於國，奇怪時來，珍異物聚。旦昔從事於此，以教其子弟。相語以利，相示以時，相陳以知賈。少而習焉，其心安焉，不見異物而遷焉。是故其父兄之教，不肅而成；其子弟之學，不勞而能。夫是，故商之子常為商。

「相地而衰其政，則民不移矣。正不旅舊，則民不惰。山澤各以其時至，則民不苟。陵、陸、丘、井、田、疇均，則民不惑。無奪民時，則百姓富。犧牲不勞，則牛馬育。」

桓公又問曰：「寡人欲修政以干時於天下，其可乎？」管子對曰：「可。」公曰：「安始而可？」管子對曰：「始於愛民。」公曰：「愛民之道奈何？」管子對曰：「公修公族，家修家族，使相連以事，相及以祿，則民相親矣。放舊罪，修舊宗，立無後，則民殖矣。省刑罰，薄賦斂，則民富矣。鄉建賢士，使教於國，則民有禮矣。出令不改，則民正矣。此愛民之道也。」公曰：「民富而以親，則可以使之乎？」管子對曰：「舉財長工，以足民用；陳力尚賢，以勸民智；加刑無苛，以濟百姓。行之無私，則足以容衆矣；出言必信，則令不窮矣。此使民之道也。」

桓公曰：「民居定矣，事已成矣，吾欲從事於天下諸侯，其可乎？」管子對曰：「未可。民心未吾安。」公曰：「安之奈何？」管子對曰：「修舊法，擇其善者，舉而嚴用之；慈於民，予無財；寬政役，敬百姓：則國富而民安矣。」公曰：「民安矣，其可乎？」管仲對曰：「未可。君若欲正卒伍，修甲兵，則大國亦將正卒伍，修甲兵。君有征戰之事，則小國諸侯之臣有守圉之備矣。然則難以速得意於天下。公欲速得意於天下諸侯，則事有所隱而政有所寓。」公曰：「爲之奈何？」管子對曰：「作內政而寓軍令焉。爲高子之里，爲國子之里，爲公里，三分齊國，以爲三軍。擇其賢民，使爲里君。鄉有行伍，卒長則其制令，且以田獵，因以賞罰，則百姓通於軍事矣。」桓公曰：「善。」

於是乎管子乃制五家以爲軌，軌爲之長。十軌爲里，里有司。四里爲連，連爲之長。十連爲鄉，鄉有良人。以爲軍令。是故五家爲軌，五人爲伍，軌長率之。十軌爲里，故五十人爲小戎，里有司率之。四里爲連，故二百人爲卒，連長率之。十連爲鄉，故二千人爲旅，鄉良人率之。五鄉一帥，故萬人一軍，五鄉之帥率之。三軍故有中軍之鼓，有高子之鼓，有國子之鼓。春以田，曰蒐，振旅。秋以田，曰獮，治兵。是故卒伍政，定於里。軍旅政，定於郊。內教既成，令不得遷徙。故卒伍之人，人與人相保，家與家相愛，少相居，長相游，祭祀相福，死喪相恤，禍福相憂，居處相樂，行作相和，哭泣相哀。是故夜戰其聲相聞，足以無亂；晝戰其目相見，足以相識。歡欣足以相死。是故以守則固，以戰則勝。君有此教士三萬人，以橫行於天下，誅無道以定周室，天下大國之君，莫之能圉也。

正月之朝，鄉長復事。公親問焉，曰：「於子之鄉，有居處爲義、好學、聰明、質仁、慈孝於父母、長弟聞於鄉里者，有則以告。有而不以告，謂之蔽賢，其罪五。」有司已於事而竣。公又問焉，曰：「於子之鄉，有拳勇、股肱之力、筋骨秀出於衆者，有則以告。有而不以告，謂之蔽才，其罪五。」有司已於事而竣。公又問焉，曰：「於子之鄉，有不慈孝於父母，不長弟於鄉里，驕躁淫暴，不用上令者，有則以告。有而不以告，謂之下比，其罪五。」有司已於事而竣。於是乎鄉長退而修德，進賢。桓公親見之，遂使役之官。公令官長，期而書伐以告，且令選官之賢者而復之。曰：「有人居我官有功，休德維順，端愨以待時使。使民恭敬以勸。其稱謗言，則足以補官之不善政。」公宣問其鄉里，而有考驗。乃召而與之坐，省相其質，以參其成功成事。可立，而時。設問國家之患而不疚，退而察問其鄉里，以觀其所能，而無大過，登以爲上卿之佐。名之曰三選。高子、國子退而修鄉，鄉退而修連，連退而修里，里退而修軌，軌退而修家。是故匹夫有善，故可得而舉也；匹夫有不善，故可得而誅也。政既成，鄉不越長，朝不越爵。罷士無伍，罷女無家。士三出妻，逐於境外。女三嫁，入於舂穀。是故民皆勉爲善，士與其爲善於鄉，不如爲善於里，與其爲善於里，不如爲善於家。是故士莫敢言一朝之便，皆有終歲之計；莫敢以終歲爲議，皆有終身之功。

正月之朝，五屬大夫復事於公。擇其寡功者而譙之，曰：「列地分民者若一，何故獨寡功？何以不及人？教訓不善，政事其不治，一再則宥，三則不赦。」公又問焉，曰：「於子之屬，有居處爲義、好學、聰明、質仁、慈孝於父母、長弟聞於鄉里者，有則以告。有而不以告，謂之蔽賢，其罪五。」有司已於事而竣。公又問焉，曰：「於子之屬，有拳勇、股肱之力秀出於衆者，有則以告。有而不以告，謂之蔽才，其罪五。」有司已於事而竣。公又問焉，曰：「於子之屬，有不慈孝於父母，不長弟於鄉里，驕躁淫暴，不用上令者，有則以告。有而不以告者，謂之下比，其罪五。」有司已於事而竣。於是乎五屬大夫退而修屬，屬退而修連，連退而修鄉，鄉退而修卒，卒退而修邑，邑退而修家。是故匹夫有善，可得而舉，匹夫有不善，可得而誅。政成國安，以守則固，以戰則彊。封內治，百姓親，可以出征四方，立一霸王矣。

桓公曰：「卒伍定矣，事已成矣，吾欲從事於諸侯，其可乎？」管子對曰：「未可。若軍令，則吾寄諸內政矣。夫齊國寡甲兵，吾欲輕重罪而移之甲兵。」公曰：「爲之奈何？」管子對曰：「制重罪入以兵甲犀脅、二戟，輕罪入蘭、盾、鞈革、二戟，小罪入以金鈞分，宥薄罪入以半鈞，無坐抑而訟獄者，正三禁之而不直，則入一束矢以罰之。美金以鑄戈、劍、矛、戟，試諸狗馬；惡金以鑄斤、斧、鉏、夷、鋸、欘，試諸木土。」

桓公曰：「甲兵大足矣，吾欲從事於諸侯，可乎？」管仲對曰：「未可。治內者未具也，爲外者未備也。」故使鮑叔牙爲大諫，王子城父爲將，弦子旗爲理，甯戚爲田，隰朋爲行，曹孫宿處楚，商容處宋，季勞處魯，徐開封處衛，匽尚處燕，審友處晉。又游士八十人，奉之以車馬衣裘，多其資糧，財幣足之，使出周游於四方，以號召收求天下之賢士。飾玩好，使出周游於四方，鬻之諸侯，以觀其上下之所貴好，擇其沈亂者而先政之。

公曰：「外內定矣，可乎？」管子對曰：「未可。鄰國未吾親也。」公曰：「親之奈何？」管子對曰：「審吾疆場，反其侵地，正其封界；毋受其貨財，而美爲皮幣，以極聘頫於諸侯，以安四鄰，則鄰國親我矣。」

桓公曰：「甲兵大足矣，吾欲南伐，何主？」管子對曰：「以魯爲主。反其侵地常、潛，使海於有弊，渠彌於有陼，環山於有牢。」桓公曰：「吾欲西伐，何主？」管子對曰：「以衛爲主。反其侵地臺、原、姑與柒里，使海於有弊，渠彌於有陼，環山於有牢。」桓公曰：「吾欲北伐，何主？」管子對曰：「以燕爲主。反其侵地柴夫、吠狗，使海於有弊，渠彌於有陼，環山於有牢。」四鄰大親。既反其侵地，正其封疆，地南至於岱陰，西至於濟，北至於海，東至於紀隨，地方三百六十里。三歲治定，四歲教成，五歲兵出。有教士三萬人，革車八百乘。諸侯多沈亂，不服於天子。於是乎桓公東救徐州，分吳半；存魯陵蔡，割越地。南據宋、鄭征伐楚，濟汝水，踰方城，望文山，使貢絲於周室。成周反胙於隆嶽，荊州諸侯莫不來服。中救晉公，禽狄王，敗胡貉，破屠何，而騎寇始服。北伐山戎，制泠支，斬孤竹，而九夷始聽。海濱諸侯，莫不來服。西征攘白狄之地，遂至于西河，方舟投柎，乘桴濟河，至于石枕。縣車束馬，踰大行與卑耳之谿，拘泰夏，西服流沙西虞，而秦戎始從。故兵一出而大功十二。故東夷、西戎、南蠻、北狄，中國諸侯，莫不賓服。與諸侯飾牲爲載書，以誓要於上下庶神。然後率天下定周室，大朝諸侯於陽穀。故兵車之會六，乘車之會三，九合諸侯，一匡天下。甲不解壘，兵不解翳，弢無弓，服無矢，寢武事，行文道，以朝天子。

葵丘之會，天子使大夫宰孔致胙於桓公曰：「余一人有事於文武，使宰孔致胙。」且有後命曰：「以爾自卑勞，實謂爾伯舅毋下拜。」桓公召管仲而謀，管仲對曰：「爲君不君，爲臣不臣，亂之本也。」桓公曰：「余乘車之會三，兵車之會六，九合諸侯，一匡天下。北至於孤竹、山戎、穢貉，拘泰夏；西至流沙西虞；南至吳、越、巴、牂牱、䍐、不庾、雕題、黑齒。荊夷之國，莫違寡人之命，而中國卑我。昔三代之受命者，其異於此乎？」管子對曰：「夫鳳皇鸞鳥不降，而鷹隼鴟梟豐，庶神不格，守龜不兆，握粟而筮者屢中，時雨甘露不降，飄風暴雨數臻；五穀不蕃，六畜不育，而蓬蒿藜藿竝興。夫鳳皇之文，前德義，後日昌。昔人之受命者，龍龜假，河出圖，雒出書，地出乘黃。今三祥未見有者，雖曰受命，無乃失諸乎？」桓公懼，出見客曰：「天威不違顏咫尺，小白承天子之命而毋下拜，恐顛蹶於下，以爲天子羞。」遂下拜，登受賞服、大路、龍旗九游，渠門赤旂。天子致胙於桓公而不受，天下諸侯稱順焉。

桓公憂天下諸侯。魯有夫人、慶父之亂，而二君弑死，國絶無後。桓公聞之，使高子存之。男女不淫，馬牛選具。執玉以見，請爲關內之侯，而桓公不使也。狄人攻衛，衛人出旅於曹，桓公城楚丘封之。其畜以散亡，故桓公予之繫馬三百匹，天下諸侯稱仁焉。

於是天下之諸侯，知桓公之爲己勤也，是以諸侯之歸之也，譬若市人。桓公知諸侯之歸己也，故使輕其幣，而重其禮，故使天下諸侯以疲馬、犬、羊爲幣，齊以良馬報。諸侯以縵帛、鹿皮四介以爲幣，齊以文錦虎豹皮報。諸侯之使垂橐而入，攟載而歸。故鈞之以愛，致之以利，結之以信，示之以武。是故天下小國諸侯，既服桓公，莫之敢倍而歸之。喜其愛而貪其利，信其仁而畏其武。桓公知天下小國諸侯之多與己也，於是又大施惠焉。可爲憂者，爲之憂，可爲謀者，爲之謀，可爲動者，爲之動。伐譚萊而不有也，諸侯稱仁焉。通齊國之魚鹽東萊，使關市幾而不徵，壥而不稅，以爲諸侯之利，諸侯稱寬焉。

築蔡鄢陵、培夏、靈父丘，以禦戎狄之地，所以禁暴於諸侯也。築五鹿、中牟、鄴蓋與牡丘，以衛諸夏之地，所以示權於中國也。教大成。是故天下之於桓公，遠國之民望如父母，近國之民從如流水。故行地滋遠，得人彌衆。是何也？懷其文而畏其武。故殺無道，定周室，天下莫之能圉，武事立也；定三革，偃五兵，朝服以濟河，而無怵惕焉，文事勝也。是故大國之君慚愧，小國諸侯附比。是故大國之君事如臣僕，小國諸侯歡如父母。夫然，故大國之君不尊，小國諸侯不卑。是故大國之君不驕，小國諸侯不懾。於是列廣地以益狹地，損有財以益無財。周其君子，不失成功；周其小人，不失成命。夫如是，居處則順，出則有成功。不稱動甲兵之事，以遂文武之跡於天下。

桓公能假其群臣之謀，以益其智也。其相曰夷吾，大夫曰甯戚、隰朋、賓胥無、鮑叔牙。用此五子者何功，度義，光德，繼法紹終，以遺後嗣；貽孝昭穆，大霸天下，名聲廣裕，不可掩也。則唯有明君在上，察相在下也。

初，桓公郊迎管子而問焉。管仲辭讓，然後對以參國伍鄙，立五鄉以崇化，連五屬以厲武，寄兵於政，因刑罰，備器械，加兵無道諸侯，以事周室。桓公大說，於是齋戒十日，將相管仲。管仲曰：「斧鉞之人也。幸以獲生，以屬其腰領，臣之祿也。若知國政，非臣之任也。」公曰：「子大夫受政，寡人勝任；子大夫不受政，寡人恐崩。」管仲許諾，再拜而受相。三日，公曰：「寡人有大邪三，其猶尚可以爲國乎？」對曰：「臣未得聞。」公曰：「寡人不幸而好田，晦夜而至禽側，田莫不見禽而後反，諸侯使者無所致，百官有司無所復。」對曰：「惡則惡矣，然非其急者也。」公曰：「寡人不幸而好酒，日夜相繼，諸侯使者無所致，百官有司無所復。」對曰：「惡則惡矣，然非其急者也。」公曰：「寡人有污行，不幸而好色，而姑姊有不嫁者。」

對曰：「惡則惡矣，然非其急者也。」公作色曰：「此三者且可，則惡有不可者矣？」對曰：「人君唯優與不敏爲不可。優則亡衆，不敏不及事。」公曰：「善。吾子就舍，異日請與吾子圖之。」對曰：「時可將與夷吾，何待異日乎？」公曰：「奈何？」對曰：「公子舉爲人博聞而知禮，好學而辭遜，請使游於魯，以結交焉。公子開方爲人巧轉而兌利，請使游於衛，以結交焉。曹孫宿其爲人也，小廉而苛忕，足恭而辭給，正荆之則也，請使往游，以結交焉。遂立行三使者，而後退。」

相三月，請論百官。公曰：「諾。」管仲曰：「升降揖讓，進退閑習，辨辭之剛柔，臣不如隰朋，請立爲大行。墾草入邑，辟土聚粟多衆，盡地之利，臣不如甯戚，請立爲大司田。平原廣牧，車不結轍，士不旋踵，鼓之而三軍之士視死如歸，臣不如王子城父，請立爲大司馬。決獄折中，不殺不辜，不誣無罪，臣不如賓胥無，請立爲大司理。犯君顏色，進諫必忠，不辟死亡，不撓富貴，臣不如東郭牙，請立以爲大諫之官。此五子者，夷吾一不如；然而以易夷吾，夷吾不爲也。君若欲治國彊兵，則五子者存矣；若欲霸王，夷吾在此。」桓公曰：「善。」

（本文選自明代趙用賢校本《管子・小匡》）

本篇旨在記敘管仲輔佐齊桓史事，故將其列入「管仲傳略」，題為〈管仲相齊〉。全文始自桓公返齊踐位，終至霸業竟成。其中所述愛民、使民、治民之道，隱兵於田、寓兵於政之策及桓公親與選拔官吏、考核政績之舉，都是頗有借鑑意義的。其時對於桓公與管仲的「明君」、「察相」之贊，誠不為過譽之辭。石一參於管仲相齊功業，曾在其《管子今詮》中大為贊歎，謂「一以見管氏之忠於齊國之社稷，而不在忠於公子糾之一人；一匡之業本於豫圖，非苟圖功名而棄節操者比也！一以見管氏之霸業，非專治兵事而侵伐鄰國以圖強者，其本則在於選賢任官，量能課吏，政必躬親，法無旁貸；且交鄰以道，感人以誠，救亂扶危，存亡繼絕。雖古之王者，何以加茲？至其連、鄉、軌、里之規模，士、農、工、商之課業，孝、悌、忠、信之教言，生、殺、貴、賤、貧、富之六秉，操之裕如，宜孔子之予其仁而感其賜也。吾無間然矣。」

張維樞在為朱太復《管子権》作序時，也曾盛贊管夷吾「道利用晦」、「道利用因」的治政藝術，說：「仲之三北而不挫，幽囚而不辭也，善晦也；而其轉禍以為福，轉敗以為功也，善因也。仲蓋深於『易』者也，故能輔多欲之辟，成一匡之勛，臣主俱榮，身名並泰。概諸龍德，固非正中要；其伸縮自如，旋轉莫測，抑所謂猶龍者耶！上下千古，唯范少伯、張子房、李長源，差可與仲相彷彿耳。」

此篇所敘史事，與《國語．齊語》大體相同。明顯相異之處，只在〈齊語〉用語古樸，敘事略顯粗疏；〈小匡〉則用語淺明，運筆甚為細緻，還增添了若干故事情節，加重了文學色彩。可見〈小匡〉不但作於〈齊語〉之後，而且是在〈齊語〉的基礎之上加工而成。俞樾所謂「《管子》此篇，多與〈齊語〉同，蓋本齊國史之文」，論斷不誤。趙守正引〈齊語〉只提「壤土」而無斧鋸、〈小匡〉兼提「木土」且有斧鋸為據，論證〈齊語〉當成於春秋時代，〈小匡〉則作於戰國時期，也是極中肯綮之論。

主要參考書目

天文曆數　杜升雲等主編　山東科技出版社出版　一九九二年
中國古代科技史　劉洪濤編著　南開大學出版社出版　一九九一年
中國經濟思想史論　中國社會科學院經濟研究所　人民出版社出版　一九八五年
中國古代管理思想　何　奇等主編　企業管理出版社出版　一九八六年
中國水利史稿（上）　《中國水利史稿》編寫組著　水利電力出版社出版　一九七九年
中國哲學（第二輯）　《中國哲學》編輯部　生活・讀書・新知三聯書店出版　一九八〇年
中國經濟思想史簡編　胡寄窗著　中國社會科學出版社出版　一九八一年
中國封建社會經濟史　傅築夫著　人民出版社出版　一九八一年
先秦倫理學概論　朱伯崑著　北京大學出版社出版　一九八四年
先秦學術概論　呂思勉著　中國大百科全書出版社出版　一九八五年
管子研究（第一輯）　趙宗正等主編　山東人民出版社出版　一九八七年

管子校正　戴　望著　中華書局出版（《諸子集成》第五冊）
管子今詮　石一參著　中國書店出版（影印）　一九八八年
管子集校　郭沫若著　人民出版社出版（《郭沫若全集》五、六、七、八卷）　一九八四年

樂浦珠還	黃友棣 著
音樂伴我遊	趙琴 著
談音論樂	林聲翕 著
戲劇編寫法	方寸 著
戲劇藝術之發展及其原理	趙如琳譯著
與當代藝術家的對話	葉維廉 著
藝術的興味	吳道文 著
根源之美	莊申 著
扇子與中國文化	莊申 著
水彩技巧與創作	劉其偉 著
繪畫隨筆	陳景容 著
素描的技法	陳景容 著
建築鋼屋架結構設計	王萬雄 著
建築基本畫	陳榮美、楊麗黛 著
中國的建築藝術	張紹載 著
室內環境設計	李琬琬 著
雕塑技法	何恆雄 著
生命的倒影	侯淑姿 著
文物之美 ── 與專業攝影技術	林傑人 著
從白紙到白銀	莊申 著

滄海美術叢書

儺（ㄋㄨㄛˊ）史 ── 中國儺文化概論	林河 著
挫萬物於筆端 ── 藝術史與藝術批評文集	郭繼生 著
貓。蝶。圖 ── 黃智溶談藝錄	黃智溶 著
中國美術年表	曾堉 著
美的抗爭 ── 高爾泰文選之一	高爾泰 著
萬曆帝后的衣櫥 ── 明定陵絲織集錦	王岩 編撰

鼓瑟集	幼柏 著
耕心散文集	耕心 著
女兵自傳	謝冰瑩 著
抗戰日記	謝冰瑩 著
給青年朋友的信(上)(下)	謝冰瑩 著
冰瑩書柬	謝冰瑩 著
我在日本	謝冰瑩 著
大漢心聲	張起鈞 著
人生小語(一)～(六)	何秀煌 著
記憶裏有一個小窗	何秀煌 著
回首叫雲飛起	羊令野 著
康莊有待	向陽 著
湍流偶拾	繆天華 著
文學之旅	蕭傳文 著
文學邊緣	周玉山 著
文學徘徊	周玉山 著
種子落地	葉海煙 著
向未來交卷	葉海煙 著
不拿耳朵當眼睛	王讚源 著
古厝懷思	張文貫 著
材與不材之間	王邦雄 著
忘機隨筆 ── 卷一・卷二	王覺源 著
詩情畫意 ── 明代題畫詩的詩畫對應內涵	鄭文惠 著
文學與政治之間 ── 魯迅・新月・文學史	王宏志 著
洛夫與中國現代詩	費勇 著
詩與禪	孫昌武 著
禪境與詩情	李杏邨 著
文學與史地	任遵時 著
老舍小說新論	王潤華 著

美術類

音樂人生	黃友棣 著
樂圃長春	黃友棣 著
樂苑春回	黃友棣 著
樂風泱泱	黃友棣 著
樂境花開	黃友棣 著

解讀現代・後現代——文化空間與生活空間的思索	葉維廉 著
學林尋幽——見南山居論學集	黃慶萱 著
中西文學關係研究	王潤華 著
魯迅小說新論	王潤華 著
比較文學的墾拓在臺灣	古添洪、陳慧樺主編
從比較神話到文學	古添洪、陳慧樺主編
神話即文學	陳炳良等譯
現代文學評論	亞菁 著
現代散文新風貌	楊昌年 著
現代散文欣賞	鄭明娳 著
實用文纂	姜超嶽 著
增訂江皋集	吳俊升 著
孟武自選文集	薩孟武 著
藍天白雲集	梁容若 著
野草詞	韋瀚章 著
野草詞總集	韋瀚章 著
李韶歌詞集	李韶 著
石頭的研究	戴天 著
留不住的航渡	葉維廉 著
三十年詩	葉維廉 著
寫作是藝術	張秀亞 著
讀書與生活	琦君 著
文開隨筆	糜文開 著
印度文學歷代名著選（上）（下）	糜文開編譯
城市筆記	也斯 著
歐羅巴的蘆笛	葉維廉 著
移向成熟的年齡——1987～1992詩	葉維廉 著
一個中國的海	葉維廉 著
尋索：藝術與人生	葉維廉 著
山外有山	李英豪 著
知識之劍	陳鼎環 著
還鄉夢的幻滅	賴景瑚 著
葫蘆・再見	鄭明娳 著
大地之歌	大地詩社 編
往日旋律	幼柏 著

張公難先之生平	李飛鵬 著
唐玄奘三藏傳史彙編	釋光中 編
一顆永不殞落的巨星	釋光中 著
新亞遺鐸	錢穆 著
困勉強狷八十年	陶百川 著
困強回憶又十年	陶百川 著
我的創造・倡建與服務	陳立夫 著
我生之旅	方治 著

語文類

文學與音律	謝雲飛 著
中國文字學	潘重規 著
中國聲韻學	潘重規、陳紹棠 著
詩經研讀指導	裴普賢 著
莊子及其文學	黃錦鋐 著
離騷九歌九章淺釋	繆天華 著
陶淵明評論	李辰冬 著
鍾嶸詩歌美學	羅立乾 著
杜甫作品繫年	李辰冬 著
唐宋詩詞選 — 詩選之部	巴壺天 編
唐宋詩詞選 — 詞選之部	巴壺天 編
清眞詞研究	王支洪 著
苕華詞與人間詞話述評	王宗樂 著
元曲六大家	應裕康、王忠林 著
四說論叢	羅盤 著
紅樓夢的文學價值	羅德湛 著
紅樓夢與中華文化	周汝昌 著
紅樓夢研究	王關仕 著
中國文學論叢	錢穆 著
牛李黨爭與唐代文學	傅錫壬 著
迦陵談詩二集	葉嘉瑩 著
西洋兒童文學史	葉詠琍 著
一九八四	George Orwell原著、劉紹銘 譯
文學原理	趙滋蕃 著
文學新論	李辰冬 著
分析文學	陳啓佑 著

傳播研究補白	彭家發	著
「時代」的經驗	汪琪、彭家發	著
書法心理學	高尚仁	著
清代科舉	劉兆璸	著
排外與中國政治	廖光生	著
中國文化路向問題的新檢討	勞思光	著
立足臺灣，關懷大陸	韋政通	著
開放的多元化社會	楊國樞	著
臺灣人口與社會發展	李文朗	著
財經文存	王作榮	著
財經時論	楊道淮	著
宗教與社會	宋光宇	著

史地類

古史地理論叢	錢穆	著
歷史與文化論叢	錢穆	著
中國史學發微	錢穆	著
中國歷史研究法	錢穆	著
中國歷史精神	錢穆	著
憂患與史學	杜維運	著
與西方史家論中國史學	杜維運	著
清代史學與史家	杜維運	著
中西古代史學比較	杜維運	著
歷史與人物	吳相湘	著
共產國際與中國革命	郭恒鈺	著
抗日戰史論集	劉鳳翰	著
盧溝橋事變	李雲漢	著
歷史講演集	張玉法	著
老臺灣	陳冠學	著
臺灣史與臺灣人	王曉波	著
變調的馬賽曲	蔡百銓	譯
黃　帝	錢穆	著
孔子傳	錢穆	著
宋儒風範	董金裕	著
增訂弘一大師年譜	林子青	著
精忠岳飛傳	李安	著

絕對與圓融 — 佛教思想論集	霍韜晦 著
佛學研究指南	關世謙 譯
當代學人談佛教	楊惠南編著
從傳統到現代 — 佛教倫理與現代社會	傅偉勳主編
簡明佛學概論	于凌波 著
修多羅頌歌	陳慧劍譯註
禪話	周中一 著
佛家哲理通析	陳沛然 著
唯識三論今詮	于凌波 著

自然科學類

異時空裡的知識追逐 — 科學史與科學哲學論文集	傅大為 著

應用科學類

壽而康講座	胡佩鏘 著

社會科學類

中國古代游藝史 — 樂舞百戲與社會生活之研究	李建民 著
憲法論叢	鄭彥棻 著
憲法論集	林紀東 著
國家論	薩孟武 譯
中國歷代政治得失	錢穆 著
先秦政治思想史	梁啓超原著、賈馥茗標點
當代中國與民主	周陽山 著
釣魚政治學	鄭赤琰 著
政治與文化	吳俊才 著
世界局勢與中國文化	錢穆 著
海峽兩岸社會之比較	蔡文輝 著
印度文化十八篇	糜文開 著
美國的公民教育	陳光輝 譯
美國社會與美國華僑	蔡文輝 著
文化與教育	錢穆 著
開放社會的教育	葉學志 著
大眾傳播的挑戰	石永貴 著

莊子新注（內篇）	陳冠學著
莊子的生命哲學	葉海煙著
墨子的哲學方法	鍾友聯著
韓非子析論	謝雲飛著
韓非子的哲學	王邦雄著
法家哲學	姚蒸民著
中國法家哲學	王讚源著
二程學管見	張永儁著
王陽明——中國十六世紀的唯心主義哲學家	張君勱著、江日新譯
王船山人性史哲學之研究	林安梧著
西洋百位哲學家	鄔昆如著
西洋哲學十二講	鄔昆如著
希臘哲學趣談	鄔昆如著
中世哲學趣談	鄔昆如著
近代哲學趣談	鄔昆如著
現代哲學趣談	鄔昆如著
現代哲學述評㈠	傅佩榮編譯
中國十九世紀思想史（上）（下）	韋政通著
存有・意識與實踐——熊十力體用哲學之詮釋與重建	林安梧著
先秦諸子論叢	唐端正著
先秦諸子論叢（續編）	唐端正著
周易與儒道墨	張立文著
孔學漫談	余家菊著
中國近代新學的展開	張立文著
哲學與思想——胡秋原選集第二卷	胡秋原著
從哲學的觀點看	關子尹著
中國死亡智慧	鄭曉江著
道德之關懷	黃慧英著

宗教類

天人之際	李杏邨著
佛學研究	周中一著
佛學思想新論	楊惠南著
現代佛學原理	鄭金德著

滄海叢刊書目㈠

國學類

中國學術思想史論叢㈠～㈧	錢　　穆　著
現代中國學術論衡	錢　　穆　著
兩漢經學今古文平義	錢　　穆　著
宋代理學三書隨劄	錢　　穆　著
論語體認	姚式川　著
西漢經學源流	王葆玹　著
文字聲韻論叢	陳新雄　著
楚辭綜論	徐志嘯　著

哲學類

國父道德言論類輯	陳立夫　著
文化哲學講錄㈠～㈤	鄔昆如　著
哲學與思想	王曉波　著
內心悅樂之源泉	吳經熊　著
知識、理性與生命	孫寶琛　著
語言哲學	劉福增　著
哲學演講錄	吳　　怡　著
後設倫理學之基本問題	黃慧英　著
日本近代哲學思想史	江日新　譯
比較哲學與文化㈠㈡	吳　　森　著
從西方哲學到禪佛教 —— 哲學與宗教一集	傅偉勳　著
批判的繼承與創造的發展 —— 哲學與宗教二集	傅偉勳　著
「文化中國」與中國文化 —— 哲學與宗教三集	傅偉勳　著
從創造的詮釋學到大乘佛學 —— 哲學與宗教四集	傅偉勳　著
中國哲學與懷德海	東海大學哲學研究所主編
人生十論	錢　　穆　著
湖上閒思錄	錢　　穆　著
晚學盲言（上）（下）	錢　　穆　著
愛的哲學	蘇昌美　著
是與非	張身華　譯
邁向未來的哲學思考	項退結　著
逍遙的莊子	吳　　怡　著